LOCUS

LOCUS

LOCUS

L O C U S

Smile, please

Smile 193

絕不認命！——
痛苦的傷口會長出幸運的花
Rise From the Ashes

作者｜鄒彤文
責任編輯｜方竹
美術編輯｜簡廷昇
版型設計｜何萍萍
排版｜薛美惠
行銷企劃｜陳燕柔

出版者｜大塊文化出版股份有限公司
105022 台北市南京東路四段 25 號 11 樓
www.locuspublishing.com
電子信箱｜ locus@locuspublishing.com
服務專線｜ 0800-006-689
電話｜（02）8712-3898
傳真｜（02）8712-3897
郵撥帳號｜ 1895-5675 戶名｜大塊文化出版股份有限公司

法律顧問｜董安丹律師、顧慕堯律師

總經銷｜大和書報圖書股份有限公司
地址｜新北市新莊區五工五路 2 號
電話｜（02）8990-2588

初版一刷｜ 2023 年 3 月
定價｜新台幣 420 元
Printed in Taiwan

絕不認命！

痛苦的傷口會長出幸運的花

鄒彤文 著

目錄

痛苦的傷口

幸運的花

前言

早上，我醒來的時候，會告訴自己新的一天又開始了，今天將會是美好的一天，我要做什麼事，要賺到多少錢……這樣每天早上問候自己，我連續做了十二年，之間從未間斷。

為了自己的目標努力，這似乎是我一直在做的事。十二年前，我在我的筆記本上寫下了我要在四十歲以前買房的心願，如今也終於實現了。為了實現願望，為了在社會上生存，我做過這些工作：加油工、美髮師、美體師、晶圓廠作業員、健保局公務員、股票分析師、攤販、歌手、模特兒、主持人……過程中我為了充實涵養與眼界，考取了許多證照：美髮師證照、美容師證照、丙級廚師證照、股票分析師證照、AutoCAD證照、C級健身教練證照、高級潛水員證照，以及0.5張地政士證照……

現在為了方便照顧家人，我白天的時間經營餐廳，做生意，同時盡可能以餐廳的資源照顧社會上的弱勢族群，提供他們免費的餐點。晚上，我則是以一名阿贊的身份，引導迷惘、痛苦的人，找到人生的方向。

這些資歷，看起來十分亮眼。但在強光的另一面，是巨大的陰影。

我是鄒彤文，在桃園土生土長。以前我住的地方叫八塊厝，現在變成了八德，而我也跟我生長的土地一樣，換過名字，生命也更新過。

在光亮的資歷底下，我曾經是一個撿破爛長大的小屁孩，離過兩次婚，是躁鬱症患者，有兩次自殺經歷——一次燒炭，一次吞藥。然後，在療養院昏迷了三個月之後，我活了下來，或者應該說，我覺醒了。接著，十二年前，我從一個被人歧視的單親媽媽，帶著孩子吃泡麵，一人吃麵一人喝湯，開始了新的人生。我決定：絕不認命！

曾經我覺得每一個活著的瞬間都好疲累，就連呼吸的力氣都要沒有了。生活的打擊曾逼得我跪在地上走，哭著走，但我站起來了，在黑暗中咬緊牙根，不向命運低頭。後來我有幸得到了足夠的力量繼續生活，甚至還到了幾所學校為憂鬱症所苦的學生演講，帶給他們歡笑與眼淚，也讓他們知道這個世界上有人瞭解他們的疼痛。

人們常說殺不死你的會讓你變強，而我願意接受並相信那些沒有殺死我的過去。因為如果一個受傷的人一直過度在意自己的傷疤，只會越來越覺得自己不堪入目。沒有傷，就不會有今天的我。過去那些痛苦的傷口，都變成了今天幸運的花。這是我覺醒後的一個領悟，一個心態上的轉變。

∞

多年來，我要上台講話的時候，都會以「對不起」開場。講對不起，讓大家知道我有點緊張，儘管我可能看起來表現大方，但這就跟鴨子游水一樣，水面上看來愜意，水面下百般掙扎——不管上台多少次了，緊張的感覺都不會減少。

但今天在這本書的開頭，我不緊張。我想在回顧的時候把傷口攤開來看。當傷口變成文字的時候，它們就不再是傷口，而是一份地圖，一份心的地圖，指出一個人是如何誤入了悲傷、難過的角落，又如何走出谷底回到平地，甚至指出前往山上的路。

在屬於我的這條路上，有許多意想不到的挑戰，同時也有許多意想不到的幫助。可以的話，我也希望我的故事，能為別人生命裡開出一朵意外的鮮花。

痛苦的傷口

1 天生殺手

那天傍晚阿祖在挑菜，挑菜會有剩的菜根，需要人手幫忙善後。當時我大概是小學二、三年級，跟姊姊還有兩個弟弟在客廳看卡通。四個小孩窩在一起看小叮噹（當時還不叫多拉A夢），早就沒神了。我們肯定都聽見了阿祖在喊小孩，要我們去拿鍋碗瓢盆幫忙，把可以吃的菜葉裝起來，打掃殘枝。但誰都不願意抬起屁股去撿無聊的菜渣，深怕錯過了電視中的劇情，明天到了學校會跟不上流行。

阿祖的身材圓潤，愛穿旗袍，是個看重打扮、好享受的人。每天哪怕只是出門跟左鄰右社寒暄，也會上一點淡妝，手上拎個細緻的口金包。她的脾氣硬，價值觀很傳統，如果你常看台灣或韓國的婆媽劇，應該對她這種角色不太陌生。

在廚房喊了半天沒人回應，阿祖火大了，抓起一根棍子走進客廳，一臉惡相。四個屁孩一見苗頭不對，全部從座位上彈了起來，四處逃竄。驚慌之中，我鑽到了一張桌子底下，縮成了一團，然而阿祖硬生生地把我從桌子底下拖了出來，像是在拔一根蘿蔔，接著就是一頓棍子。

要說我傻吧，沒跑遠一點，躲在桌子底下被揪出來活該，這我沒話說。只是時間久了、次數多了，我再怎麼傻也發現了一件怪事：四個小孩裡面，不論是誰先開始搗蛋，最後都是我遭殃。彷彿我就是電視裡品行不良的技安（現在的胖虎），只要打倒我故事章節就會圓滿結束。

那時我還太小，不懂得應該要追根究底地思考自己到底做錯了什麼，反而是很「貼心」地為阿祖找了個台階下——我一定是做錯了什麼。

不然阿祖不會在所有小孩都造反的時候，只打我一個。

後來透過大弟，我才找到了答案。

∞

在那段日子裡，我跟大弟尚未交惡，還有辦法坐同一張沙發看電視，或是該說搶電視，搶到最後大打出手的那種。然而，比起現在我跟他的情況，這已經算得上是一派和樂了。

女生發育得早，大弟自然打不贏我，但他人小歸小，卻已經懂得輸人不輸陣的道理。某一次戰敗後，他忿忿地用嘴砲噴了我一句：「妳這個殺人兇手！」

我一愣，問他為什麼要這樣講，他只回答是阿祖說的，阿祖說妳殺死阿公。

聽見他的指控，我沒辦法反駁，因為我想不通自己怎麼殺了阿公，在什麼時候犯下了如此重罪。我能想通的只有一件事：原來在阿祖眼中我是殺死阿公的兇手，是我斷絕了家裡的經濟來源，難怪她每次都只打我。

沒有血緣關係的長輩

在我記憶中，阿公常常叼著一根菸，皮膚很黑，身形瘦長，雖然滿臉皺紋但沒長白頭髮。身為家裡的長子，他日復一日清晨兩三點就起床，去漁市場批貨賣魚，賣完下午就到工地做板模。他這麼拼，一方面是他肩負照顧阿祖的重任，另一方面，是因為他想要彌補自己過去的貧窮。

阿公小時候家境不好，沒機會讀書，所以他這一生的牽掛就是要讓自己的四個孫子好好讀書。他常說：「他們想要讀多高就讀多高。」他也確實用盡了生命去實踐這件事。因為阿公的努力，我小時候的住家從原本一個很傳統的小磚瓦房，到後來變成一大片地，上面蓋了一棟房子，客廳大到可以讓四個小孩在裡面飆腳踏車。包括我讀幼稚園的時候還能學兩年芭蕾舞，也是托他的福。

除此之外我與阿公相處的回憶其實不多，只記得有一次他抱我坐上他的野狼機車，載著我外出。我們到底去了哪裡，我想不起來了，但我感覺得到他很疼我。

然而，這麼努力工作，盡全力改善家人生活的阿公，他照顧的小孩還有孫子，其實跟他並沒有血緣關係。

這是怎麼回事？

我只能說這是老天爺的創意，祂開了一個很八點檔的玩笑。說到這邊我不得不先介紹另一位角色，一位在我生命中戲份重大的人物——阿嬤。

有不孕症的童養媳

阿嬤就跟阿公一樣，是個身形瘦弱，臉上寫著「勞碌命」三字的人。她一大清早就起床批菜、賣菜，下午撿破爛，全年無休。天氣不好的時候，她只管戴個斗笠就出門工作。不管時間多晚，只要聽到有紙箱可以回收她一定不會放過。

她能有如此充沛的工作能量，八成也是貧窮的副作用。跟阿公一樣，阿嬤小時候的家境也不好，很早就被家人賣出去當童養媳。作一個寄人籬下的「童工」，阿嬤自然也沒有機會讀書，只能揹著養母生的弟弟妹妹去偷看別人上課。然而她雖然沒受過正式教育，頭腦卻很好，算數精明，賣菜賣魚算起帳來一點也不含糊。她還說自己小時候會存零用錢跟朋友玩十三支，用贏來的錢買冰——這是天生自帶理財觀念吧。我常常為阿嬤感到可惜，總覺得她如果曾有機會讀書的話，這一生就不會這麼辛苦了。

過著以「做媳婦」為終極目標的人生，阿嬤天天做著包山包海的家事，直到她嫁進了阿祖家，嫁給了阿公，本來應該算是功德圓滿了。但諷刺的是，儘管她付出了這麼多努力，算術如此精確，也沒辦法算出命運的錯誤。

她的不孕症。

無法生育的阿嬤失去了家族裡所有人對她的尊重。在那個年代（相信就算是現在也依然有人正在承受同樣的壓力），女人不孕是莫大的罪過，甚至比窮死還可怕，更不要說她還是大房的太太。為了不背負讓大房絕後的罪名，阿嬤去領養了一子一女，也就是我爸跟我姑姑，以使延續香火，緩解老天爺給她開的玩笑。

致命的新生兒

阿公過世的時候才五十幾歲。說起來一點都不誇張，他直到去世之前都還在工作。

當天他先是覺得身體有些不舒服，但還是硬把份內工作做完了才願意到醫院檢查。這一去他直接在病房裡住了下來，再也沒有回到家裡。我對他最後的印象，就是他躺在病床上，雙眼因疾病失明。阿嬤跟我說阿公走的時候嘴裡一直喊著我的名字。

話說回來，那我到底是什麼時候下手害死阿公的？依阿祖的神邏輯來看，是在我剛出生的時候。

那時，我出生才剛滿三天，就差點因為黃疸指數過高而丟掉小命，據阿嬤所說我整個身體都變成黃色的，急須換血。最後是靠阿公捐的血讓我活了下來。然而，基於某種「傳統觀念」，阿祖硬是覺得我「偷」了阿公的血。在她眼中，阿公的身體就是從輸血給我之後才越來越差。她堅信，輸血給一個黃疸指數過高的嬰兒比長年工作過勞還要有殺傷力。

我是一直到了長大之後，才從親戚口中聽到事實：阿公死於腦癌。

在那之前，整個童年，我一直以為自己就是殺死阿公的兇手。

2 人生一大肥缺：在鄉下當兒子

長輩獨厚家裡的男生，財產、祖傳手藝傳子不傳女，這在台灣肯定不是新聞。我家阿嬤是童養媳，阿公是大房，兩個人的小孩是領養回來的，在這麼濃厚的「八點檔套路」之中，萬萬少不了重男輕女的古早味。

我這一輩的四個小孩，男與女的命運真是大不同。大姊一開始可能還有點福氣，雖然她跟我一樣是女生，但畢竟是第一胎，出生的時候全家人歡天喜地、興奮不已。然後我來了，第二個小孩，「蛤，又是女的喔？」這是大家當時給我的評語。

接著第三個孩子，終於是個男生——「長子」被拚出來了——猜猜大家的反應如何？不用意外，開心到只差沒有拿鞭炮在客廳裡放。從那一刻開始，我跟我姊就接受了某種暗示：自己不會是家裡最重要的人。

∞

阿嬤沒有趕過什麼流行，曾經她心中唯二的偶像，就是我的兩個弟弟。尤其是對我的大弟——家裡的第一個男孩子——更是崇拜到狂粉的境界。

因為她的狂熱，我的認知能力得到了充分的發展。看著阿嬤每天給弟弟們準備的食物，我漸漸開始明白什麼叫做「吃得比較好」。看著阿嬤給弟弟們準備的餐費，我也學會了數學的多跟少——弟弟有一百五十塊，我有五十塊。

如果問我，這一百塊的差別不過是幾口飯菜的不同而已，有這麼誇張嗎？我回答，不，這一百塊不只是幾口飯菜，它還教會了我每天要進行哲學思考——懷疑人生。

「也許阿嬤覺得男生吃得比較多吧？」一直到我都成年了，偶爾想起這件事都還會為阿嬤找理由，在心裡為她圓場。

除了數學之外，託兩個弟弟的福，我也累積了不少國際知識。從小看他們穿的衣服，我認識了Adidas、Nike、Puma、Reebok等等的西洋品牌。從我自己跟姊姊身上衣服，則是認識了路邊攤、資源回收、表姊牌、表哥牌等等的鄉土情懷……以上兩者合一，就是所謂的立足本土，放眼全球吧。

然而，令我感到奇怪的是，明明我跟姊姊穿的都是免費、省錢的東西，鄰居伯伯看到我們卻又會說：**「生女孩子都是賠錢貨」**實在把我搞得困惑極了。

追求存在感

雖然吃不好、穿不好是事實，但我畢竟沒有被大人丟在路邊挨餓受凍，作為一個小孩的我就沒跟他們計較太多。比起這些身外之物，反而真正讓我心寒的是——我感覺自己在大人眼裡毫無價值。

從小，家裡所有的讚美，都落在兩位弟弟身上。我跟我姊不論多麼努力地表現自己、把事情做好都沒人看到、沒人在乎。常常我覺得自己跟隱形人沒兩樣。

因此，「爭取大人的注意力」，對小時候的我來說就是鍛鍊求生技巧——我在這裡！嘿！看看我啊！——這裡所謂的「大人」，就是我阿嬤本人無誤。

為了能被阿嬤看見，我常常黏著她跟進跟出，觀察她賣力做事的樣子。家裡的每張嘴都要吃、吃完碗要洗、衣服要洗、地板要拖、垃圾要倒……要讓家庭能正常運作，這些都是不能輕忽的小事。阿公死後，以我們家後來經濟狀況，絕無可能請一個幫傭來服務大家，所有家事都得靠阿嬤親力親為。

每天看阿嬤伺候大家，有一天我開始主動從她手中接下大大小小的工作。一方面我是體恤她的辛勞，任何有眼睛的人都能看見她有多苦。另一方面，我不想永遠活在兩個弟弟的光環之外。我開始刷地、刷鍋碗瓢盆——刷存在感。我想靠努力來贏得阿嬤的重視。

「阿嬤我來洗碗。」

「阿嬤教我做油飯。」

「阿嬤……」阿嬤，妳有看見嗎？我也是個厲害、值得被稱讚的孩子。

沒想到這一刷下去如山洪暴發一發不可收拾。我願意看——我願意做——我做上手了——我很能做——全都給我做。不知從何時開始，繁忙的家務居然全都落到我頭上來了（好在後來姊姊也加入了）。工作雖然辛苦，但我倒也樂在其中，因為把這些事情做好了，多少會得到阿嬤的讚美。

只不過，當你一個人在幫忙做飯掃地拖地洗衣服的時候，看見家裡還有另外兩個人一直坐在沙發上看電視，心裡還是不免會覺得怪怪的。

「阿嬤，弟弟怎麼不用擦？弟弟怎麼不用洗碗？」

「他們還小，他們不會。」

手足之情

也許是因為遭受了不平的對待，或是天生的個性就有差，在四個小孩裡面，我跟大弟一直都感情不好。從我有印象以來他就是個馬屁精，非常會說好聽的話去討大人跟左鄰右舍開心。同時他從小就很會裝無辜，在家裡做了壞事從來不會主動承認——他從小學開始就會偷家裡的錢，逼得阿嬤把四個小孩都抓起來打了也不肯說實話。

仗著長輩給他的光環，再加上嘴裡的三寸不爛之舌，我不得不開始多做一件我很不情願的家事：幫大弟頂罪。

從某個時候開始，阿嬤處理「家庭疑案」的手段，就是把我跟大弟挑出來一起打。因為在她眼中，我跟大弟就是最調皮的兩個孩子，擒賊得先擒王。我必須承認，有一些壞事我確實有份，像是偷吃供品、出門玩過頭忘了門禁時間之類的。但往往在兩個人都有錯的情況下（或甚至我沒錯的時候也是），責任最後都會落到我頭上。不管大弟出了什麼錯，最後都會變成是我慫恿他做的。

「妳當姊姊本來就應該要帶好弟弟！」

我試圖解釋，但總是徒勞，永遠換來阿嬤的責罵。大弟的甜言蜜語，則每次都能讓他自己脫罪。久而久之，我變成了一個不愛解釋的小孩，因為我知道自己不管說什麼都沒用，沒有人會相信我。

甚至有一次大弟在馬路上亂晃，被摩托車撞到了，阿祖要我幫他罰跪，我什麼都沒說，就自動跪了下來。我想要得到大人的認可，我不想被討厭，我不想當殺人犯，我說什麼都沒用，那我不如就跪吧。這一跪實在有夠鄉愿，但我別無他法。

越野越舒壓

受不了大人的冷落與威嚇，我跟我姊沒事就往外頭跑。我們倆個年紀相仿，在外頭混的是同一個圈子。

相較之下，我姊生性大方，很懂交友。高興的時候她講起話來口無遮攔，專講一些很好笑很難聽的話，滿口三字經之類的。我跟她不一樣，口齒不伶俐，不喜歡跟陌生人相處，喜歡一個人在自己的世界裡做自己的事。我也不喜歡講髒話，覺得那是壞孩子才會做的事。因此，鄰居的小孩拿我們倆姊妹比較的時候，都說我姊比較可愛、比較好玩；我很安靜，都不說話，很無聊。

在家被大人針對，幫弟弟揹黑鍋，到了外頭還要被鄰居嫌棄。我實在是被整個世界孤立怕了，情急之下，不得不逼自己「玩起來」、「撒野」——帶頭拿鞭炮轟炸鄰居的雞舍、衝第一個去田裡抓青蛙、翻大肚魚（偶爾也順便把弟弟推到河裡）——變成一匹野馬、一個瘋子，我才終於被鄰居的小孩接受，甚至還成為了他們追隨的對象。

我從一個悶不吭聲，喜歡靜靜地躲在樹下看書，在房間裡畫畫的孩子，搖身一變成為了一個招搖、胡鬧的孩子王。老實說，這樣其實滿舒壓的。因為與其待在氣氛暴戾的家中，老是被大人指責是「犯人」，還不如在外頭跑跳，找各種樂子。

我越是作怪，鄰近的孩子越是叫好。人都喜歡看別人做自己不敢做的事。為了持續累積人氣，我不停使出渾身解術，用各種古靈精怪的點子討好他們，越玩越用力，鞭炮越放越大聲。卻也就是因為這樣，我才會變成阿嬤在處理「家庭疑案」時處罰的主要對象。只是當時我並不明白這個道理。

當孩子王，這可能是我人生的第一個成就，但在我的皇冠底下其實始終藏著一顆恐懼的心——害怕失去別人對我的好感。

3 媽媽明天會死掉

「每年四到六月是螢火蟲季，媽媽會變成螢火蟲回來唷，所以只要妳看到飛進家裡的螢火蟲，那就是媽媽回來看妳唷。」小時候，鄰居阿婆總是會對著我這樣說。因此每年一到了四月，我都會特地把廚房的小窗戶打開，期待家中有螢火蟲出現。

在我的回憶中，媽媽有幾種樣子。有時很美麗，有時很堅強，有時很嚴苛；很多時候，也很偏心。

妳們把地板擦好

從小媽媽就對我跟姊姊很嚴格，不管是對學校的課業，或家事都非常苛求。有一件事我記得特別清楚。那天，我跟姊姊正在用小抹布擦地板，跪在地上一塊磁磚一塊磁磚慢慢擦，忽然媽媽帶著兩個弟弟從房間裡走了出來，打扮得漂漂亮亮。

「你們要去哪裡？我也想去。」我跪在地上看著她們神氣的樣子，羨慕極了。

「我們要去外婆家，妳們把地板擦好。」

「我也要跟！」

「不行！」

就這樣，她帶著弟弟出了門，留我跟姊姊兩個人在客廳跪著。對此我其實不意外，因為她一向如此，眼中只有兩個弟弟。她就跟阿嬤一樣，只愛男生。想一想還真奇怪，這只不過是生命中的一小段光影，我卻始終揮之不去。擦地板不是什麼難事，任何人只要願意跪下來就可以做到。真正難的，是看著她丟下我們的樣子。

∞

雖然常常被媽媽冷落，但我還是非常愛她。也許這是一種母親與女兒才有的情結；我需要一個女人作為自己未來的榜樣。但也有可能，這其實是飢餓行銷，因為她給弟弟的愛就擺在眼前，我卻得不到，因此變得特別渴望。

我最喜歡幫媽媽編頭髮，因為只有在那個時候，我才能多少感受到媽媽對我的愛，我才能自私地霸佔她。媽媽也喜歡我幫她編的頭髮，上班的時候她會跟同事炫耀，說自己的頭髮是才小學二年級的女兒幫忙編的，然後大方接受同事的讚美。

每天早上，我都趁她在浴室裡梳洗的時候幫她編髮。媽媽的頭髮又黑又長，像一道瀑布垂在身上。她一邊看我，一邊敞開心胸告訴我她以前想當歌星，想穿得漂漂亮亮，開一間自己的店，過安穩的人生。她彷彿是把自己的頭髮當成了幸運繩，要我把這些願望全都編進裡面。然而當我編好兩條肥厚的辮子之後，大大小小的瘀傷與狗皮藥膏，全在媽媽的身上暴露出來。

夢想，對於媽媽來說，只是一首對著自己女兒唱的情歌。她的生活，在嫁給了我爸之後，就只剩下工作、賺錢，以及被家暴。

爸爸的「健身操」

我跟姊姊都很討厭爸爸，只有大弟視他為榜樣（長大後還真把他作威作福的模樣全學了起來）。我爸的個子很小，白天在工廠裡當作業員，晚上在家當老大。他一回家就是把二郎腿翹到茶几上，指揮小孩做他自己該做的事：把鞋擺好、拿拖鞋給他穿、倒水給他喝、幫他買菸……

他霸佔電視機，不停地抽菸，看電視裡的人不順眼就罵，看我媽不順眼也罵，要是敢頂嘴就一陣暴打。然後他埋怨，最拿手的就是埋怨，埋怨阿公阿嬤很窮，沒有留財產給他。所以他不養小孩、不顧家，整天想的都是靠賭博翻身。

這個平時叫罵聲不斷的家裡，到了週末就會忽然安靜下來，因為週末是爸爸在外頭賭博的時間，極少在家。這時媽媽會把餐點準備得很豐盛，一家人沒有吵架、爭執，一起開心地看電視吃飯。

那時的我每天都在期待週末的到來，希望爸爸不要回來。

∞

因為爸爸賭博欠債的緣故，每到夜晚常常會有惡行惡狀的人來家裡敲門，潑電視新聞上能看見的那種紅油漆，或寫「欠債還錢」的大字在大門上。有幾次他們還直接倒瀝青，把我家的鐵門黏死。

當時我才小學二、三年級，實在不懂爸爸為什麼這麼討厭這個家，給大家添這麼多麻煩，還有為什麼他老是給媽媽做「健身操」。也許他跟媽媽之間有一種小孩子無法理解的恩怨情仇，但就算到了多年以後，我用一個大人的身份與他對話，也無法得知他當初如此脫序的理由。

然而最讓我困惑的是，本來我，應該要像姊姊一樣，視爸爸為一輩子沒辦法原諒的敵人。但偏偏平時暴力脫序的父親不知為卻何不太動手打我；我反而一直記得某一天他抱著我，問我要是有一天他跟媽媽離婚了，要不要跟著他走的樣子。

有時候我會想，自己又好動又孤僻的極端個性，究竟是外在環境所造成的，或是我本來就有極端的命，才會生長在一個愛恨交織的環境中？不論是這種先有雞還是先有蛋的問題，或是媽媽與爸爸的恩怨，對我來說全部都是謎團。

最後的白洋裝

因為媽媽偏愛弟弟，我小時候曾經對著上天許願，希望媽媽能對我像弟弟一樣好，但這個願望始終沒有實現。偶爾我也會賭氣，覺得自己有媽媽跟沒媽媽沒什麼兩樣，因為她只疼愛弟弟。沒想到有一天，媽媽真的不見了。

那天晚上，我在床上跟姊姊玩。兩個姊妹本來在胡亂聊天，但忽然我沒頭沒腦地脫口說了一句：「媽媽明天會死掉。」

隔天，媽媽出門前，我到現在都還記得她當時的模樣——一身白洋裝，一頭俏麗的短髮。我還跟她開了個玩笑：「妳幹嘛把長頭髮剪掉啊，短頭髮像男生很醜。」

殊不知，那就是我在媽媽生前對她說的最後一句話。那天她在外頭出了一場車禍，再也沒回過家。

媽媽會是因為知道自己再也沒辦法讓我幫她編辮子，才把頭髮剪短了嗎？還是因為我烏鴉嘴，媽媽才死掉了嗎？那天之後，我不得不懷疑自己是不是又當了一次「殺人兇手」。

媽媽的離世對小弟的影響最大。他那時還小，是個超級愛哭的小孩。媽媽離世前他才三、四歲，每天都會等她下班回來陪睡覺。媽媽走了以後，他常常會半夜爬起來在客廳騎腳踏車繞圈。阿嬤問他怎麼半夜不睡覺，他都說要等媽媽回家。

到了現在，某次跟他聊天，他說媽媽的長相他都忘記了，沒有半點印象。

4 鋼鐵人去跳舞

在學校裡，要幫誰取什麼綽號總是一種很現世報的事。

因為貪嘴，在學校裡多吃了一點零食的，他就是「小胖」。喜歡爬樹的，進了教室就變成「猴子」。天生神力、奇筋異骨的，大家都叫他「坦克」。

而我，沒有因為嬌小的體型——一三二公分——被大家稱作「地精」，或是因為阿嬤的工作被叫做為「鋼鐵人」、「寶特瓶」一類的，算是有得上蒼眷顧。

在砂石場尋寶

原本阿公、媽媽都還在世，與阿嬤三個人一起努力賺錢的時候，我們的家境其實不錯。所謂的不錯，就是全家小孩都上得起私立幼稚園，家裡還可以負擔一組家庭音響。在那樣的鄉下，誰能在家裡唱卡拉OK是一件很了不起的事；有不少親戚為了這套音響特地來家裡作客。

然而在阿公、媽媽相繼離世，爸爸因賭博欠下鉅額債務，而且跟外遇對象生了小孩，棄我們一家老小於不顧之後，整個家就徹底垮了。阿嬤不得不獨自撐起家裡的生計；除了本來的菜販主業之外，她開始斜槓另一個副業——資源回收。

這個工作是鄰居介紹的，他知道我們家不好過，剛好他家開砂石場，有很多建物的廢料需要回收，便問阿嬤願不願意去收，她當然一口答應了。那時我一整天最怕的就是放學，因為每到放學時間，阿嬤就會來點名我們家的四個兄弟姊妹，輪流陪她去砂石場尋找五花八門的廢件，拖到旁邊的資源回收廠換錢。

就跟一般的砂石場一樣，那是個被鐵皮圍起來的半戶外廣場，裡頭是一堆又一堆的砂石。剛開始我們幾個小孩還會聽阿嬤的指示，問她要找什麼東西才值錢。後來熟悉規則了，一到砂石場我們就往砂堆衝，像是在趕著掏金一樣——找鐵件，找任何有金屬光澤，會發亮的東西。找到大件金屬的時候，譬如說冰箱，我們就會很開心，好像真的發現了什麼了不起的寶物。在這種時候我們四個小孩比較合群，會一起合作把工作做完；大家都想趕快回家。

雖然小孩可能是全世界最懂得苦中作樂的東西，但撿破爛可不能真的鬧著玩。不管是阿嬤或是我們幾個孩子，身上都少不了被利物造成的傷口。我的腳底有一個L形的痕跡，就是撿破爛的時候被玻璃割出來的，當時流了一地的血。這種時候阿嬤會拿出她自己做的草藥來止血，再隨便用一塊破布包紮，包好了就繼續工作。話說那草藥雖是阿嬤不知從哪學來的偏方，但止血確實滿有用的。

夏天的時候，天氣不管再熱，阿嬤都還是堅持要去撿回收。好幾次她在大太陽底下撿回收都撿到中暑了，還依然堅持要每天出門。為此我們幾個小孩會跟她吵架，抱怨她天氣都這麼熱了幹嘛還要去。雖然我們口頭上這樣抱怨，但我們其實知道其中的無奈。

不去，家裡就沒錢。

不給唱歌，就跳舞

比起去砂石場做回收，待在家裡被性別歧視，學校絕對算得上是天堂。但我在學校裡不像小時候是個帶頭玩耍的孩子王，反而變回一個很安靜，而且沒什麼自信的小孩。

那時在學校參加社團活動是必修。在選社團的時候我跟姐姐一同報名了學校的合唱團。一個沒自信的小孩想要上台唱歌，聽起來是件矛盾的事，但實在是因為我對唱歌一直有個非常美好的印象。

家裡還有卡拉OK的時候，我們一家人時常聚在一起快樂地唱歌。但一台機器一共只有兩支麥克風，就連大人自己都不夠唱了，哪有可能有輪到家裡的四個屁孩上場。我記得自己有一天突發奇想，拿跳繩的一頭綁在擴大機上，另一頭假裝是麥克風，在客廳裡又唱又跳自得其樂。所有大人看著我這樣耍寶都笑呵呵的，看起來非常高興。我拿著跳繩唱歌，也真的覺得自己很像個明星，快樂極了。我非常珍惜這段時光。

惦記著這段美好的回憶，我好不容易鼓起勇氣跟在姊姊屁股後頭，參加了合唱團的考試。然而就在我才剛開口的時候，立刻得到了老師的批評——妳五音不全！

瞬間我的幻想破滅了。老師給我的感覺是：能力不好，想跟大家一起和樂融融唱歌的人不要來參加合唱團，妳走錯路了，這裡可是個龍爭虎鬥的地方。

∞

情緒低落的我不知該如何是好，六神無主地在校園裡晃蕩。這時我碰巧路過另一間教室，裡頭傳來非常歡快的音樂聲。我停下腳步，發現教室裡有一群人正在跳舞。看她們隨著輕快的節奏開心舞蹈的樣子，我心中浮現了一種很強烈的渴望：

我想要融入那種和諧的氣氛之中，我想要成為她們的一份子。

於是我硬著頭皮再次鼓起了勇氣走進教室，跟社團的老師說我想加入她們。幸好，這次我沒有被測試，也沒有被刁難，立刻就被她們——舞蹈社——接納了。我沒想到自從小時候的芭蕾舞課結束後，還能再次跟舞蹈結緣。

從此，每到週六（當時還沒有週休二日）學校有什麼活動的話，我都會以舞蹈社的名義上台演出。因為舞蹈，我可以不用一直待在充滿歧視、貧窮的家，成為舞台上眾人的焦點，接受掌聲。我整個人開始除了「週末跳舞」以外什麼事都不在乎了。

然而，雖然登上了舞台，我在班級裡依舊是個很低調的人物。每當有人問：「妳有上台跳舞喔？」的時候，我頂多回一句：「對呀」，就讓對話結束了。也許是因為不擅言詞，我被人誤解為是一個冷漠、囂張的人，還曾經被補習班老師嗆：「妳跩什麼跩？」但不管別人怎麼說我，我都不做解釋。

只不過，當學校裡有貧嘴的同學當著我的面取笑我沒有爸媽的時候，我會立刻從一個安靜的小孩變臉，神答覆：「你有爸爸媽媽，但是你每天都被打！我沒有爸媽就沒有人打我，考試考差了也沒有人會揍我！」

不論是哪個貧嘴的白目，聽完我的回答就會立刻把原本譏笑的表情，換成羨慕的嘴臉。他們有所不知，由於我本來在家裡就是不得寵的小孩，當爸爸媽媽都不見了的時候，我還真的感覺跟平常沒什麼兩樣，甚至課業壓力還減輕了。

5 親情的補丁

上國中的時候我在班級裡依然是個安靜的小孩（也依然是班上跑第二快的），但個性開始有了一點改變。也許是國小參加舞蹈社的經驗讓我變外向了，比較開始懂得在班級上刷存在感。但不管怎麼刷，我其實都是為了要彌補自己在家中持續被忽視的感覺；用友情當親情的補丁。

我在班上雖然朋友不多，但每一個我都很珍惜。小黃瓜，當時坐在我旁邊的一個男生，是我在班上的好友之一。我們兩個人個子都小小的，座位剛好被分在彼此旁邊，教室前面第二排。他很瘦弱，皮膚黑黑的，理一個小平頭。由於他走路的時候會扭屁股，講話來很女孩子氣，因此常被其他同學欺負，被笑說是娘娘腔。

我自己從小就是被針對的小孩，很熟悉那種痛苦，所以我不跟別人一樣欺負小黃瓜，反而跟他越來越要好，時常一起聊天、去福利社買東西。在過程中我漸漸發現我們有一個共同的興趣：畫畫。我跟小黃瓜最喜歡的就是美術課，最喜歡的人都是美術老師。

∞

我們的美術老師，跟我們兩個一樣個子小小的，一頭捲髮垂在耳下，常常穿長裙外加一件大外套，背個後背包，包包裡面總是塞滿各種畫具。她跟幾個朋友分租一層公寓，住一間小小的套房，房間裡只有一張桌子，除此之外全都是跟繪畫相關的東西。回想起來還真有藝術家風範。我跟小黃瓜都叫她小精靈。

小精靈的聲音很細很溫柔，印象中她從來不曾對學生大小聲。我第一次跟小精靈說話，是有一天我當她的小幫手，把全班的美術作業帶去辦公室給她批改。當時才剛認識她，她就稱讚我很漂亮，長大後會更美。對一個鮮少從長輩口中聽到讚美的我來說，小精靈的稱讚勝過世上的一切。從此，繪畫成了我生命的重心。

在課堂上，每當小精靈教了什麼新技巧，或介紹了什麼畫家，下課後我都會主動向她提出想關的問題，像是如何用水彩調出好看的顏色，如何增進素描技巧等等。我的畫作在班上雖然不是最漂亮的，但肯定最奇怪。那時大部分的人都畫花、草、動物、建築物，諸如此類很「落地」的東西。只有我的畫是車子在空中飛、人在天上飛、太陽有眼睛、月亮會笑等等很童趣的內容，顏色用得非常繽紛。

漸漸地，我跟小精靈開始走得很近，甚至下課後還去她家裡學畫、共同作畫。從她的一舉一動之中，我感覺得到她非常用心地在指導我。事實上，她可能是第一個如此重視我的大人。我們一起畫過一幅畫，畫面中的城市裡所有人都在天上飛，騎掃把的人、開車的人、長翅膀的人，全都在夕陽底下飛翔，天空是傍晚的顏色。

「妳想要叫這幅畫什麼名字？」小精靈問我。

「就叫天馬行空好了。」我回答。她告訴我這很像是夏卡爾的畫。

偏愛本來就是歪的

小黃瓜也跟我一樣受了小精靈的影響，一頭栽進了繪畫的世界。我們是彼此在班上最要好的朋友，自然會一起畫畫、討論、互相觀賞對方的畫作，也一起去小精靈家上繪畫課。我們都非常喜歡小精靈，她也對我們很好。然而有一天我發現，偶爾小精靈會趁只有我去找她的時候偷偷塞東西給我吃。這樣的舉止，讓我得到了一種從幼年開始，就一直渴望的感覺——被大人偏愛。

我沒讓任何人知道，默默地接受了小精靈給我的偏愛與特權。好不容易，我從一名「長輩」身上找到了親情的補丁，小心翼翼地把它縫在心上。只可惜，大概是因為偏愛本來就歪的，這一切最後還是走樣了。

∞

那天早上下課休息的時候，我跟小黃瓜在聊天，忽然他展開了一個關於小精靈的話題。

「誒跟妳說，小精靈最近對那個誰誰誰比較好。我覺得她很賤噎！怎麼可以這樣，喜歡這個又喜歡那個啦。」

我知道小黃瓜在說的是誰，那是班上的另一個男生。我也看得出來小精靈對他很好，但我沒有多想什麼；然而，我卻開始迎合小黃瓜所說的一切，與他一起共舞、半開玩笑地詆毀老師；只因為我也很在乎我的朋友，我不想失去友情，所以附和他。

「真的喔，好賤喔。」

「對啊，好氣喔。我們來寫筆記本，寫字氣死她。」小黃瓜的嗓門又尖又細。

「好啊氣死她，我們來寫。」我把自己的筆記本拿了出來。

我那時不明白，原來小黃瓜會嫉妒我；原來同學間也會爭寵；原來他跟我都一樣渴望小精靈給予的寵愛；我更是萬萬沒想到，原來他會算計我。

聽著小黃瓜的起哄，我像被催眠了一樣，拿起筆，在本子上寫下各種對小精靈不敬、不滿的話。當時我只以為這是我跟小黃瓜之間的一個遊戲。寫完了就過去了。沒想到，到了中午，我見到小精靈進來我們班上，一臉失望透頂的表情，我才發現自己錯了。

小黃瓜偷了我的筆記本，到辦公室把我告了一狀。

站在教室門口，僵著臉的小精靈要我向她道歉。最後我被記了兩個警告。

當上帝為我關了一扇門，我再關上自己的嘴

從那一天開始，我在班上極少開口。所有小精靈送過我、教過我、一同畫過的畫，我全都丟了。我再也不交美術作業，不再跟任何同學談畫、看畫、作畫。不論是小黃瓜還是其他人。曾經我心中的朋友，忽然看起來都變得很虛偽——這可能是我的叛逆期開端，它來得很晚，也來得很沈默。

我在教室裡變成了一顆一聲不響，硬邦邦的石頭。儘管我對小精靈感到抱歉，但我無法多說什麼。打從我看見她失望的表情開始，我就不打算為整件

事情做任何解釋。

因為從小家裡的風氣，已把我「打」造成一個不喜歡解釋的人。願意相信我的人，就會相信我；不願意相信我的人，不管我怎麼解釋，也只會給我一頓毒打。明明大弟跟我都犯了錯，最後只有我遭殃；兩個學生都犯了錯，也只有我被學校警告。

忽然我感覺自己在學校就變得像在家裡一樣。

而且說實在的，「我是為了要維持友誼，所以才寫了筆記本上的東西」——這種話就算我有勇氣說出來，又有誰會信？

總之，我像個蚌殼在所有人面前把自己閉了起來。不知從何時開始，當我選擇關閉自己的時候，就會一聲不吭，沈默到底。

∞

曾經無話不說的小黃瓜從此在我的生命中絕跡了。至於小精靈，直到今天偶爾我還會在家附近看見她，但我從未上前打過招呼。

我明白，自己還欠小精靈一個鄭重的道歉。我還記得她的心痛，那天全寫在臉上了。但當時的我實在無可奈何，只願她知道我有說不出口的苦衷。而另一方面，我在心底其實對她也有埋怨——明明跟她相處了這麼久，她就寧願相信一本筆記本也不相信我。

不過，我還是感謝繪畫曾經進入了我的生命。雖然我跟小精靈曾經一起畫過的作品全都毀壞了，但今天在我房間的牆上還掛著一副未完成的畫作。我知道自己需要把心靜下來，才能再次與畫面和顏色溝通，只是現在還不是時候。

我現在、未來想畫的，是一頭鹿。

一頭頂著七彩鹿角，象徵著「重生」的鹿。

6 社會的現實與沒錢的事實

國中畢業後，我真正想讀的是藝術學校。不過這念頭很快就被阿嬤的話給打消了。

「畫畫很貴，材料會花很多錢。」「私校學費很貴。」

阿嬤說的沒錯。當時私立學校的學費大概要兩、三萬元，相較之下公立學校的學費大概都在一萬元以下。我沒想過學費的現實，但很明白家裡沒錢是事實。聽完阿嬤的忠告我立刻妥協，選了一間公立高職學美髮，那是間建教合作的學校，可以一邊上學一邊工作，幫家裡省錢又賺錢。

想起小時候幫媽媽編頭髮的回憶，我對美髮這件事並不排斥。

∞

那間高職是一個校舍非常老舊的女校。我身為一個高中生身高才一五二左右，整個人在班級裡看起來就像個小學生，因此被大家取了一個外號，小不點。而我的心也確實就跟這個綽號一樣，只是一個小小的點，打不開，走不遠。

班上雖然頗有一些會主動向我示好的同學，但都被我推三拖四地拒絕了。在經歷了國中的小精靈風波之後，我持續將自己像一個蚌殼鎖了起來，不出去玩，也不交友，生活目標就只有學習跟賺錢。況且同學愛聊的都是偶像、摩托車、戀愛等等大多數年輕人感興趣的話題。那些都離我當時的生活非常遙遠。

為了錢途光明

我剛入學的時候學校採取的是三個月上課，三個月實習的輪調制度。一開始我還挺適應這種節奏。但後來不知為何制度忽然變了，變成一天之內半天上課，半天實習。我不喜歡這種半吊子的感覺，既不能好好學習，薪水也不如以往；眼睜睜看自己的月薪變成了時薪。

秉持著幫忙阿嬤分擔家務為最高原則的精神，二話不說我立刻轉到了另一間，一個一星期只要學生上一天課，其他時間全部待在髮廊的學校。這間學校離我家超遠，坐公車要兩個小時才會到。雖然學校有提供交通車，但須額外付錢，一番計算下來還不如搭公車便宜。只不過搭公車就會有因為精神不濟而坐過站的風險；因此每天早上我都得繃緊神經望著窗外，望著錢途的光明。

∞

轉學後我的工時變長，一個月可以拿一萬九到兩萬五左右的薪水，原本學校的同學知道後無不「哇」了起來，畢竟在那間高職改變制度之後，她們的薪水變成只剩下三、五千。

我工作的地方——跟學校建教合作的那間美髮院——是個像皇宮一般金碧輝煌的地方。它是一間連鎖企業，我去的是總店。基本上我是被總店「欽點」過去的。剛開學的時候它就派人到學校面試學生，檢查大家的氣質、言談舉止，以及對未來的期許等等，來決定誰要被分發到哪裡。我猜我可能展現了非常強烈的企圖心，才被總店選上。

身為一名撿破爛魯蛇高中生，在這之前我從來沒去過美髮院，初到總店就被嚇傻了——

好大！好香！好漂亮！在裡頭的每個學姐也都看起來好美（只是不知為何臉都很臭）！

在美髮院工作，第一件要學會的事其實跟美髮無關，反而是按摩。肩膀、頭部會按了之後，才開始學洗頭。

那時我一天至少洗頭洗十二小時——在店裡幫客人洗，回家幫阿嬤洗——只因為學姊稱讚我洗得不錯，再加上很多客人都點名要我洗，我就拚命洗，洗到皮膚龜裂、腫脹，洗到洗髮精滲入了皮膚深層，程度嚴重到我就連沾清水也可以洗出泡泡，像是有超能力一樣。

犧牲自己的手皮，成為洗頭女超人的好處是，當我接受考核的時候，才剛下手幫客人洗頭，學姊就立刻讓我過關，要我直接開始正式工作。

「能在我們總店工作的啊，都是最優秀的喔。」這是學姊當時的評語。

從此我一路狂飆，體內的馬達一直維持在極高轉速，讓自己學得最快、工時最長、薪水最多、店家評分最高……就連賣洗髮精的時候我都會使出渾身解數銷售，最後業績太過驚人還會被學姊在開會時拿出來討論。

∞

高二，我一次就考到了美髮的丙級證照，同時連美容的也一起考到了。直到畢業為止，全班也只有三個人同時擁有兩張證照。

三十分鐘內，把一顆假頭的頭髮捲到完美——捲子不能壓髮根，頭髮要梳順，髮尾要捲進去不能壓到。這是美髮丙級考試必考題。聽起來很偏執，但多的人視髮如命，要是不小心一點，把客人要的小波浪變成拖把可就歹命了。

我那時手巧到可以在三十分鐘內把整頭捲子上完、拆下來，再全部捲上去一次，動作比已經在髮廊上班多年的學姊還快。這不是天賦異稟，而是其他人下班去夜店玩、去逛街的時候，我一個人對著假頭不斷練習的成果。偶爾在練習的時候我會想起小時候幫媽媽編頭髮的事。想一想那大概可以算是一種超前部署吧。

我的捨命演出學姊們都看在眼裡，她們很欣賞我拼命三娘的樣子，也知道我家裡的狀況，因此她們每天上班都會特地買早餐給我；當我下班要趕最後一班公車回家的時候也會幫忙善後，好讓我趕車回家。

不管是學姊、正式員工，每個人都對我非常好，像是在珍惜自家的妹妹一樣對待我。她們的認可使我感到溫暖，同時也讓我發現了一件事——一個努力的人其實會發光發熱。

但我還沒發現的是，會發光的東西雖然漂亮，在某些人眼裡可能會有點刺眼。

全憑一張嘴

如同之前所說，當時的我對交友完全冷感，只管所有的熱力都放在工作上，但在職場上同事之間多少還是會有往來。

在一個裝潢炫麗，同事一個比一個打扮得搶眼的地方，社交不是一件輕鬆愉快的事。不知為何，通常在總店裡打扮得越漂亮的設計師，說起話越難聽越囂張。在背後偷講彼此的壞話，在這裡是家常便飯。我不會加入，但也習以為常。

某天，某位身材高挑，自視甚高的一位同學在工作時忽然開始抱怨。她抱怨的對象是一名我們稱為如玉的學姊。比起其他人，如玉是一個看起來非常樸實，也很理智的人。

高挑同事抱怨的內容到底是什麼，細節我早忘了。其實也就跟今天大家會嘴砲主管一樣，不外乎是一些很瑣碎的事。當時我在自己的世界裡瘋狂燃燒，對外界的一切不太關心，但基於禮貌或同儕之情，我隨口回應了她一下，只認為工作時上司下屬意見相左、磕磕碰碰是常有的事，碎念只是她正常的能量釋放。

沒想到，有了國中的教訓過後，我這次居然還是沒閃過子彈。到底是我的對手進化了，還是我不知進取？我不過是站著聽她抱怨，沒有任何附和，她居然直接把她的抱怨剪接成我個人的抱怨，報告給學姊聽。不得不說，有決心的人，真的可以點石成金。

如玉聽完之後，很生氣跑來地罵我，說她對我那麼好，怎麼可以去跟別人說她的壞話。聽見她的指責，我實在沒想到自己付出的時間與累積的手藝，只不過是一座外表看來堅強的泡泡城堡，最後僅被一個長得漂亮、嘴巴甜的人用嘴一吹就破了。

如果要說我為這種事情感到受傷實在是情商太低，我沒話說；估計當時我的情商可能是負的。

總之，第二天，我申請了調職。我再次穿上我緊閉的蚌殼裝，不作任何解釋。

7 去邊疆打卡

在總店工作遭人陷害，「被冒犯」了學姊，因此調職到了偏遠的加盟店。這就是古時候的流放邊疆吧。從我家到加盟店須坐公車、轉火車，再步行十分鐘，路程大約一個小時。這對當時的我來說打擊不小，不單是因為舟車勞頓。而是之前在總店的時候，我不只給客人洗頭，還被學姊給洗腦了。

「我們是最優秀的，所以留在總店。」

她們對我說的這句話，我久久不能忘懷。

這種讓員工自我膨脹的話術，在當年的美髮界其實很流行。而像我這樣一直在尋找存在感的魯蛇，自然被這句話養得肥肥胖胖的。要是可以像量體重一樣去測量一個人的「認可需求」的話，我當時肯定會是重量級。

身為一名「認可」重度上癮者，我對自己身為總店的一份子感到非常自傲，也竭盡所能拿去總店要求的成績，越來越拼命，也越來越自滿——

我是總店的王牌，一個她們不可或缺的人物，優秀中的優秀……

在坐車前往加盟店的路上，我滿腦子想的都是這些事。我懷念總店的「菁英」氛圍，懷念金碧輝煌的裝潢。也埋怨那個陷害我的同學，以及選擇相信她的學姊。肩負「王牌」偶包的我，有一種被人在額頭寫了「降級」兩個字的羞愧感。

就這樣我背著總店的包袱，一路轉車，好不容易抵達了加盟店，表情凝重地推開了大門，卻沒想到店裡愉悅的工作氣氛，還有老闆娘的親和力馬上給我洗了把臉。

「齁，妹妹，妳頭髮這樣不行喔，怎麼這麼亂。」

我……我的頭髮？重點不應該是客人的頭髮嗎？我心想。

∞

比起總店，這間加盟店是一間很家庭式的理髮廳。裝潢沒有總店氣派，但老闆娘看起來很精明能幹，學姊也非常親切。店裡新來了一個小妹妹的消息散開之後，學姊們一個個像長著翅膀的仙子過來招呼我，幫我把頭髮燙直，梳剪成妹妹頭，髮色染成了當時流行的橘黃色，簡直就像是迪士尼卡通裡面演的灰姑娘變公主一樣。

在大家的照顧之下，我看著鏡子裡原本那個沒髮質沒髮型的自己，突然換了一個俐落、新潮的造型，立刻我明白了，何謂佛要金裝人要衣裝。原來我也可以有外貌。以前在總店我從來沒有包裝過自己，整個人看起來像是一隻營養不良的浪浪一樣。

同時，我也想通了為何總店的「那個人」每次都搶著要學姊幫她做新髮型，當宣傳。

很快地我還發現，這間加盟店除了員工和氣之外，還是個自由的美髮天堂。以前在總店工作的時候，如果跟了店裡的某一位學姊學技術，就千萬不得叛離師門，去跟另一位學姊求道。總店裡每個人的地盤、派系都畫得一清二楚。但在這間加盟店，你愛跟誰學手藝就跟誰學，這裡所有人都很隨性、活潑，不管是誰遇到了困難大家都會出手幫忙。

原來工作可以不用一直勾心鬥角，在背地裡說人壞話。我在這間加盟店工作時第一次有了這種感觸。

原來這就是「出去玩」

托加盟店學姊的福，我人生第一次出了遠門——去宜蘭童玩節。當時童玩節還是個非常熱門的節日，火車座位一票難求，但高中生本身就是一張無處不行的票券，我跟三個學姊一路坐在火車出入口旁的地上，絲毫不覺辛苦，反而很感動自己終於知道「出遠門」是怎麼一回事了。原來媽媽以前帶兩個弟弟出門玩就是這種感覺。

到了童玩節會場，三個學姊無限供應我吃好喝好，照顧得無微不至，真的只差沒有拱我上轎子扛在肩上走。真不知我何德何能，值得她們如此細心對待。

除了第一次出遠門，還有第一次夜遊、第一次去夜店，以及第一次進豪宅，都是我在加盟店工作時發生的。店裡有位學姊家在山上，一個全是獨棟住宅的社區裡，那次她帶我去家裡聊天，生平第一次我見識到了那種偶像劇裡才會出現的旋轉樓梯。所有正面的形容我都用上了，妳家好大、好漂亮、好美……但只聽見她淡淡地回了一句：大有什麼用，我爸媽又不愛我。

聽完她的話，不擅長表達的我只在口頭上回了一句，是喔。

而我沒說出口的是——原來妳也跟我一樣。

填滿無底洞

再大的豪宅也掩蓋不了精神的空洞。同樣的，加盟店的愜意、老闆娘與學姊的溫暖、大家一起出遊的歡樂也不能。空洞就是一個這麼恐怖的東西。病入膏肓的我，儘管身邊圍繞著善良的加盟店學姊，我還是一天到晚想著該怎麼回到總店，該如何升等，重新回到「菁英」的懷抱。

於是，高三那年，我報名參加了全國美髮競技盃。

我參加競技盃，不是志在參加，是為了一定要拿獎。我一心渴望要證明自己，並在心中上演小劇場，想像自己拿著獎盃回到總店，總店學姊驚訝地看著我，我用獎盃狠狠打響她們的臉……

為了讓假戲成真，我決定挑戰把頭髮編成一朵玫瑰花。

玫瑰花的想法是被某一位學校學姊的作品給啟發的。當初我看到她用一綹頭髮編成了一小朵玫瑰，掛在模特兒的額頭右側，看起來很別緻、很漂亮。我這人個子雖小，但胃口大，心想要耍炫的話不如直接把整頭頭髮染成粉紅色，再把它編成一朵巨大的玫瑰。

在學校練習了幾次我的構想之後，這朵狂花被班導注意到了。她過來捏了捏我的手，發現我的手很軟，認為我是個可造之材，便為特地開了一個賽前特訓班，讓我去她家練習。她沒發現的是，我脾氣硬起來的時候不只是賭氣，更是賭命。比賽前我幾乎沒有睡覺在她家裡苦練了三天三夜。不斷地練習在一個小時以內完成我給自己的挑戰。

末路狂髮

比賽過後。我得到了編髮組優勝、染髮吹風造型特優，還有創意編梳優勝——我的願望實現了！懷抱著興奮的心情，我帶著三張獎狀與三座獎杯，一路從會場直接趕去總店，一路幻想著自己又可以回去上班了。抵達總店，我自豪地推開了大門，卻沒料到我都還沒開始炫耀，學姊們已經拿好要割韭菜的刀。

總店學姊：「我們總店出去的學生果然比較優秀，隨便比賽都會得獎，妳要不要回來總店上班呀？」

我：「〇〇〇還在嗎？」我問的當然是陷害我的那個女生。

總店學姊：「在呀！妳們都很優秀啊！所以都在總店。」

我：「那不必了，我不要。」

總店學姊：「為什麼？」

照慣例，我不解釋，掉頭直接走人。然而嘴巴沒說出來的話，塞在心裡像是一袋彈珠在碰碰撞撞。

「開什麼玩笑，妳們根本派不出任何人來比賽。」

「比賽的造型是學校導師教的，根本不關妳們屁事。」
「那是我三天沒睡覺練習來的，怎麼又變成妳們的宣傳了。」
「還要把我跟她算成同一個等級，想都別想。」

如我所願，我用奪冠的手藝，逼出了菁英的善意，但我的自負，已變成了一個我逃脫不了的圈套。

隔天到加盟店上班，老闆娘跟學姊知道我得獎的消息，大家一起歡天喜地買了一些大餐和甜點慶祝。想起來她們真的很窩心，很樸實，但我當時根本不在意她們知不知道我比賽得獎。我在乎的只有自己的感覺而已。到後來，當我再次被調離到另一個更偏遠的加盟店工作後，也沒跟她們留下任何聯絡方式，從此就失聯了。生命啊，其實存在著一些好意，只可惜當時的我無福消受。

8 叛逆懷孕

儘管贏得了三項美髮競賽的名次，還是沒辦法回去總店。投資了努力卻沒有實際報酬，這樣的打擊使我在生活中開始懶散，漸漸地我變成了一個翹課仔，有到學校的時候也不太認真。然而我還是會上班。畢竟活著就要用錢是擺在眼前的事實，為阿嬤分攤家務的習慣也幾乎是我的本能了。

某一天，我接到了一項通知：總店希望把我調到另一間更偏遠的加盟店，在一個一年內有三百六十天都在下雨的地方。由於通勤的路途遙遠，我仗著自己反正不常去學校，就乾脆住進了偏遠加盟店的員工宿舍，當自己是全職員工。

剛開始在那邊工作的時候，我跟之前一樣被分配在美髮部，但後來轉到了美容，會有如此轉變不為什麼，就是為了美容的薪水比美髮高、抽成多。到了新的工作場所，我照慣例拚命認真工作，還跟美容部的老闆相處得頗為愉快。她是個漂亮的中年婦女，很精明，非常注重自己的身材。透過她我認識了各式各樣的化妝品、保養品、珍珠粉，還有膠原蛋白等等；因此建立了我日後保養、打理自己的習慣。

然而這看似愉快的師徒關係——我一直以為這位老闆娘是個可以信賴的長輩——最後依然是鬧劇收尾。有一天她說店裡的錢不見了，一口咬定是我偷的。聽見這樣的指控，我實在頓時覺得心好累；不管在哪個環境，只要有人犯錯，大家都是先推卸責任，推來推去最後就往我身上丟。

「我有朋友在做警察，我要叫他過來，抓妳去坐牢！」

這件事要是發生在更早之前的話，我可能會照慣例躲在我的殼裡，承受她的任何指責。但在經年累月的沖刷之下，我的殼終究裂了。

國高中幾年下來被身邊的人誣賴與陷害，讓我對人性感到非常失望，因此在個性上有了一百八十度的轉變；我從那個忍氣吞聲，概括承受所有指責的女孩，變成了一個抵死不認糊塗帳的烈女。

「妳今天栽贓我，妳會有報應！」

那天外頭還飄著雨，我完全不顧美容部老闆的威脅，直接從店內奪門而出，站在馬路邊上與她對峙。當時的我，應該差不多攀上了名為「叛逆期」的高峰。

事情鬧到最後，是大姑姑開車來載我離開，她看著我把宿舍房間裡外的東西都丟到了一個大塑膠袋裡，還幫我硬是認賠了三萬塊給對方。從此，我開始擺爛——不上班；再也不願意去那間連鎖企業相關的店家工作。我開始覺得在裡面工作的人都很黑暗，只有懂得諂媚、巴結的人才會得志。我沒辦法成為那樣的人。

家，是永遠的暴風圈

不上班、不上學（頂多到校簽到完就走了），我花了很長一段時間待在家裡，靜下來直視家裡的一切，然後感到無比的空虛。

家裡多了一台電腦，那是給姊姊用的。她上高中要學資訊處理，就跟阿嬤要了一台來整理學校資料。姊姊在家裡只做兩件事，要不看電腦要不看電視。這兩件事加起來等於忽視身邊的一切。

家裡依舊是個「男性至上」的地方。那時大弟已經國中了，開始出去外面混兄弟，帶女朋友回家。有時候兩人講話起了爭執，他就威嚇對方趴在地上，當成狗來踹。小弟則還是國小生，出不了大問題，就是一個茶來伸手飯來張口的小孩。

阿嬤，則就跟一直以來一樣，無限寵愛兩個弟弟；他們什麼都不用做，不管做什麼都對。

我看著這一切，開始感到一股憤怒在心中燃燒：為什麼這些人可以一直耍廢，想學什麼就學什麼，想買電腦就買電腦，想出去玩就出去玩——我到底是在努力個屁啊？

我不想當隱形人、我想跟人有所連結、我也想用電腦，我不想要像姊姊一樣一直坐在電視前面……於是我開始成天往外跑，要不去逛街，不然就泡網咖，自己學著打電動。那段時期我最在乎的事就是與隊友線上集合，一起攻副本、打怪、撿寶……

玩出人命

一直出門、一直花錢，雖然不是什麼大數目，但我還是心裡慚愧。畢竟我知道家裡經濟狀況境不好，卻依然無所事事——逍遙，也罪惡。然而為了讓自己不要太良心不安（也是為了不要待在家裡），我偶爾會到學校上自己喜歡的課，遇到沒興趣的課我就趴頭睡覺。

當時在高職學生之間，最流行的話題就是交男女朋友——如果誰沒交過男朋友的話就是一件很遜的事（其實即便是到了今天，我看我上高中的女兒似乎也有同樣的迷思）。那天，我被班上同學嘴了一遍交男朋友的事之後，決定接受她的提議，讓她幫我介紹男友。我當時的心態很好笑，一方面是急需與人產生連結，另一方面是非常在乎自己有沒有跟上當下的潮流，不想變成其他人眼中的邊緣人。

就這樣，我認識了我第一任前夫。

∞

我認識第一任前夫的時候他還在當兵，整個人的形象俐落，長得也帥帥的。雖然我們只有六日才能見面，但畢竟是兩個衝動、懵懂的年輕人。乾柴抵不住烈火，玩出了人命。

在學校裡，我不是唯一一個高三懷孕的學生。但我是唯一一個身懷六甲還去上課的人。同學知道了，反應大都是「妳好勇敢！」、「妳都不怕別人笑妳。」

我知道她們會這麼說，是因為同校有另一個學生懷孕之後就休學了。然而我不認為懷孕有什麼可笑的，小孩是我來生，要笑也只有我可以笑我自己。我想生下這個小孩，但也想做完我當學生應該做的事——畢業。

自然，我的班導也知道我懷孕了。她很失望地搖搖頭，因為她看過我努力的樣子。她認為我應該要繼續精進自己的手藝、上大學，而不是跟男生鬼混，糟蹋自己的前途。除了班導以外，當時還有一個來台授課的日本老師，也勸我去日本讀美髮專門的大學，當交換生。

不管是她們倆或誰的建議，我聽完都只是笑一笑，回了一句：「我家沒錢」就繼續沈醉在自我的世界裡。我說的可能是藉口也可能是事實，但不管是什麼都不重要了。當時我已懷孕七個月，已下定決心要跟孩子的爸爸結婚。

9 從家庭逃入婚姻，再逃出來

當我將結婚的消息告昭家人之後，立刻被大姑姑罵到臭頭，她說我是為了逃避生活才去結婚。叛逆鬼如我當然回嘴沒有，但其實我不懂她到底在說什麼。我只知道我對自己的家人感到厭惡。我不想見到兩個花錢如流水的弟弟、想讀私校就讀私校的姊姊，還有一直要我做家事，跟我拿錢的阿嬤。

為什麼他們都可以為所欲為，為什麼我不能去美術學校？為什麼阿嬤只找我拿錢，什麼事情都要我做，都要我犧牲？……

從小到大承受的種種負面能量，終於在我的青春期開成了一朵叛逆毒花。叛逆就等於是要標新立異、與眾不同。於是十七歲的我靠懷孕叛逆，用結婚獨立，決意要遠遠離開我的家人。

婚禮當天，我沒有任何歡天喜地的感受，只是一臉茫然看著婚禮開始，看著婚禮結束。整個過程就像是一種通關手續而已——通往我想像中的自由。

當自由變成鳥籠

生完小孩，做完月子，我正式住進第一任夫家，幻想從此能展開全新的人生，但這幻想破滅得很快。

我娘家雖然經濟條件不好，但被阿公擴建的房子大概有八十幾坪，房子周圍還有田野與大樹，當我心情不好的時候還有不少「秘密基地」可供自閉；第一任夫家座落在擁擠的都市裡，一家五口（沒把我算進去）擠在一個二十五坪左右的公寓裡，廚房只有一個走道的大小。如此一來，我完全喪失了自己的空間。

但真正重點不是現實、物理空間上的不足，真正令我感到窒息的是生活上的不自由。

第一任前夫家是很傳統的家庭。也就是說女生最好盡量待在家，把自己打理成一個吸塵、洗衣、快煮、陪笑、挨罵的多功能家電。說真的，我的婆婆並不是一個惡婆婆，只是一個非常傳統的女性（並且顏值很高）。她遵照前人的方法生活，傳授我要如何成為一名「完美媳婦」。

依照她的標準而言，身為一名媳婦，每天首要的是張羅一家人的早餐：粥。當時我聽見自己早上要熬粥的時候真有一種穿越的感覺。一般人的早餐不都是吃美而美嗎？每一天早上都要吃粥的是民國幾年？

身為新手媳婦的我廚藝一般，雖然不至於完全不會煮，但除了每天早起煮粥之外三餐都要煮飯給五個人吃實在是不小的挑戰。而且我完全沒有可以偷懶買外賣的餘地，因為這個家嚴禁外食，抱括任何瓶裝飲料，只有義美的牛奶跟優酪乳除外。沒人知道到底為什麼。

在使喚聲中來來去去，不是在做菜就是在準備做菜。在這樣的日子裡，我每天唯二可以放空的時間，就是我一個人去菜市場買菜的時候，以及當我把該做的家事都做完，女兒開始午睡，我一個人練習唱歌的時候。

前婆家一家人都愛唱歌，在家中有設置卡拉OK。我練唱一方面是為了能順利融入這個家庭（前夫還煞有其事地教過我幾招「歌唱技巧」），另一方面這再次讓我想起了小時候全家人聚在一起開心歌唱的感覺。

∞

每天煮菜、煮粥，每逢過年過節的時候準備大餐……一路下來，我這個料理技巧平平的的高中生忽然也就煮起了十菜一湯，伺候起一大家子的人。平心而論，我能獲得這個值得炫耀的成就真得感謝我的前婆婆，透過她我才見識到傳統的眉角是什麼。

只可惜，我實在不是搞傳統的那塊料。

在跟第一任公婆相處的時候，發生了一件我沒有辦法接受，完全超出我底線的一件事，恕我無法明說。當我跟第一任訴苦的時候，卻也沒有得到他的支持。他只是希望我接受這件事。

最後，氣不過的我選擇離開這段婚姻。我承認沒有做好覺悟，就想要進入他人家庭的我實在太天真了。雖然我對第一任有好感，也常常會把「我愛你」掛在嘴邊，但那不是「愛」——那只是我想要逃避貧窮、逃避重男輕女的救生圈；我以為自己可以藉由婚姻離開牢籠，卻沒想到只是從一個大鳥籠換到了一個小鳥籠罷了。

大姑姑從一開始就把我給看穿了。

不全都是壞事

「沒有爹媽教養的小孩就是特別不懂事！」

「我們已經對她很好了！還要跑！」

這是在我從媳婦學院「選擇性畢業」的時候，前公公婆婆給我的評語。雖然聽起來非常不堪，毫無童話故事的圓滿，但我還是想作畢業生致詞：

首先無論如何我很感謝我的第一任，雖然他沒辦法解決我跟他父母的衝突，或是他曾經趁我坐月子的時候跑出去唱歌徹夜未歸，被我罵到臭頭，也不懂得自己的碗要自己洗。但平常當我真的被家事一籮筐砸在身上——他媽媽被惡婆婆上身的時候——他其實會向我伸出援手。整體來說他真的滿疼我的，也因此我更加對他過意不去。

除了他之外，我在這段婚姻中還有一個寶貝，就是我女兒本人，她是大家口中的「天使寶寶」。有她的協助，我得以當一個無感媽媽；不管是尿布濕了還是肚子餓了，她總是只會意思意思叫個兩聲，我過去處理完畢就立刻藥到病除，從來不會有什麼疑難雜症，或聽不懂寶寶星語的問題。

並且，也多虧了她，我才在夢裡又見到了我媽媽。

從我媽過世，一直到我長大，我從來都沒有夢過她。然而就在女兒滿月當天下午午睡的時候，我夢見了媽媽來到家裡，說要看孫子。

她問我，這是男孩還是女孩？叫什麼名字？可不可以抱抱她？我在夢裡看著媽媽抱起她的小孫女，一副很開心很滿足的樣子。她依然穿著過世那天穿的白洋裝，留著那頭俏麗的短髮。

10 進半導體工廠當女工

與第一任前夫離婚後，我像一隻掙脫了牢籠的鳥——遠離了那個說話、做事都要看人臉色的環境——在外頭自我放飛了三個月。我沒有第一時間讓家人知道我離婚的事，反而是聯絡了網路上的朋友，麻煩她招待我（她說：「妳來這邊絕對沒人找得到妳」）。我最後到了東部的一個靠海小村落，每天跟她打電動、耍廢、帶狗去海邊玩，在海邊給風吹。

提早開始退休生活嗎？不可能，我不可能就此變成朋友的寄生蟲。我不得不回去，回到我一開始逃出來的地方。當初我離開原生家庭的時候還是個乖乖牌人妻，現在回去變成了離婚辣妹，有這樣的轉變，很難不遭受來自四面八方的指指點點。

「妳幹嘛？他那麼好妳幹嘛離婚？」

類似這樣問句，像是日常問候早中晚纏著我。面對左鄰右社的情緒轟炸，我研發出了一套防身說法。

「他那麼好妳嫁他啊！」

當時的我，心中依然憤怒、彆扭。十足的青少年調調。

∞

離婚的時候，為了得到女兒的監護權，我做過幾次努力。雖然厭家，但我沒有拒絕要成為一個母親。只是前婆家會把小孩讓給我嗎？無可能的代誌。兩方都要小孩，兩方都不願意退讓，也只好互相傷害了。

「妳沒工作，又沒錢，是要怎麼當媽媽？」

他們每次開口都用這招羞辱我，然而確實這招就夠用了。我未滿二十，沒工作沒存款，一無所有，絕對沒辦法爭得小孩的監護權。

「等我年紀到了，工作也穩定下來，我就要帶小孩走！」

一無所有的我，除了烙狠話還能做什麼？最後我跟前婆家商量好，讓我每個禮拜跟女兒見一次面，帶她出去玩。同時我在心中默默期望，期望他們會提供一個衣食無缺的環境讓女兒開心。

聽見我離婚，阿嬤一開始很不能接受，不斷碎唸（倒是我大姐跟小弟完全站在我這邊，真心讓我感到欣慰）。為了不讓自己成為她眼中的負擔，或是為了我身體內建的自動化家務分擔系統，我重新開始工作。只不過這次我沒有回去美髮靠學業吃飯，反而是到了一家半導體科技公司的工廠上大夜班。

第一次來到半導體工廠工作，我才見識到原來世界上有這麼多五花八門的「部門」。我的工作是在工廠裡切割晶圓，內容頗為單純。當時我覺得切割晶圓就跟打電動滿像的：操作機器，輸入上級指示的參數，晶圓就會依照參數被切開，沒什麼太大的挑戰。有的人一次最多只能開十台機器，但我上手之後一次可以開四十台機器，還有空跟工程師聊天。

在這邊當個規律、不用思考的機器人，做二休二，一個月能賺到三、四萬塊，這是我在美容美髮業必須忙到變成三頭六臂才能得到的薪水。

拜把姐妹

某天工作中間休息的時候，我因為同事認識了一位「太妹」。這人身材肉肉的，敢穿敢露，嘴上叼根菸，穿了個舌環，還把頭髮染成粉紅色。她名雖叫怡靜，但顯然「靜」不下來，講起話來非常浮誇，開口閉口都是髒話。因此我對她的第一印象非常不好，只覺得遇到了個屁孩。

然而在那之後，我跟怡靜偶爾在休息時見面會聊天，慢慢地我發現，她浮誇的外表只是被環境逼迫出來的保護色。她告訴我她是棄嬰，小時候被她養父母從路邊撿回來，因為沒有自信、想要引起大家的注意，才把自己弄得看似與眾不同。

聽完她的心事，我也與她分享了自己的矛盾與痛苦。這一下兩人之間的隔閡不但消失了，還感到氣味相投，進而成了乾姐妹。我們開始一起泡網咖，颱風天到橋邊給風吹，做一些好朋友才會一起做的無腦蠢事，甚至她也陪我每個禮拜出去遛女兒。

搶小孩的套路

一開始女兒跟我還有怡靜都是快快樂樂出遊，直到過了一陣子，某一天女兒忽然變得有點不願意看我，相處起來變得很不自然。與此同時前婆家也搬出一套說法，指責我每次帶女兒出遊後，她回去上課都會比較躁動，因此必須減少我們見面的次數，同時也沒忘了羞辱我一番，要我放棄監護她的決定。

就這樣，因為前婆家的要求我跟女兒見面的機會變得越來越少，到最後她根本從我的生活中消失了。我知道——從女兒開始神情有異的時候——這一切之中一定有大人的套路，前婆家肯定對她說了什麼。但我沒辦法，不知道該怎麼爭。

被套路奪走女兒之後我的心情很差，負面情緒高漲，但幸好我忍住了，多虧了工廠裡的阿嬤、阿姨、姊姊。她們都知道我的故事，也都勸我不要爭，都說等小孩大了，誰對誰錯她自己會分。這些話如果只有一兩個人跟我說的話，我恐怕聽不進去，但當這麼多過來人都這麼說的時候，我不禁開始覺得也許她們說的真有道理。我一邊安耐自己負面的情緒，一開開始督促自己要努力賺錢。

因為只有錢才能贏得一切，口舌之爭沒有用，沒有實質上的東西沒辦法贏。賺錢，是我僅有的反擊。

11

表演唱歌，也表演再婚

為了增加自己的收入，我在工廠努力上班的同時，也開始獵尋更高薪的工作。那是一個人們還會看報紙找工作的年代。有一天我在報紙上發現了一則奇妙的求職廣告，徵歌手：薪水四萬以上、環境單純、絕無色情。看到這麼有趣的事我不假思索立刻撥了對方的電話，順便也把怡靜一起叫去了。

仔細想想這一切其實很諷刺。我是被前婆家羞辱，才想應徵更高薪的工作好來證明自己；但同時我也是拜她們家的卡拉OK設備所賜，才有了唱歌的自信，敢來應徵這份工作。

小學時被社團老師狠狠地批評五音不全（根本不懂音符還來報名！），但長大後除了第一任之外也有不少朋友稱讚過我的歌喉。我到底該相信誰？在這一正一反的矛盾擠壓之下，我與怡靜找到了報紙上說的面試地點。

大約是傍晚四五點左右，我們來到了面試地點，一棟大樓裡面的歌廳。在場地中央有一個舞池，整個環境看起來爛爛舊舊的，聞起來全是菸味。面試我們的面試官就在舞池裡等我們，長的很帥，講話也滿幽默的。他故作輕鬆地說：「妳來應徵歌手喔？那放鬆一下來唱唱看。」接著就走進了舞池旁的包廂。

我明白，這是針對我的歌唱測試。我握著麥克風，鼓起勇氣唱了一段阿妹的《記得》——然後我就被錄取了。

可惜我同行的怡靜，卻是被批評得灰頭土臉，沒辦法一起同進退。

不知天高地厚的我，因為一下子忽然得到了歌手的工作，心中還有了一種「原來歌唱界這麼好混」的錯覺。同時我也很開心，覺得自己似乎圓了媽媽以前想要當歌手的夢。

∞

基本上，這個讓我以歌手自居工作的這個pub，就跟各大KTV看起來沒兩樣。裡面有開放式包廂、舞池，舞池的前方有一個舞台，那就是我的辦公桌。工時是晚上八點到凌晨兩點，上班的時候要打扮化妝。這對當時的我來說都不是難事，真正困難的，就跟所有其他工作一樣，都是人。

在這種昏天暗地，酒色酒香的地方總是男客人居多，而且非常豬哥。好的時候是會跟我唬聊問我從哪裡來，莫名其妙的時候是傳紙條來說想要聽〈愛江山更愛美人〉（從哪一年穿越過來的啊？），還好最後我不會唱的歌都可以交由一位大姐來幫我唱。

在這種很「聲色」的場所工作，說穿了讓我感到很徬徨、抗拒；但我必須賺錢。我要把我女兒要回來。

再次懷孕

我在pub煎熬後得到的成果，第一個感受到的人是我阿嬤。那個月發薪水我第一次給了她兩萬多塊當家用，頗為得意，因為那是第一次一口氣給了她這麼多錢。薪水升級，這是在pub上班的一個好處，另一個好處就是大家都把唱歌作為下班後的娛樂，我則是不管上班下班都在唱歌（同時也是壞處吧）。

那天不記得是什麼場合了，總之有人揪了一票大的，差不多是廟裡大拜拜的等級。一大夥人聚在一起飆歌的時候，我意識到有一個男生一直盯著我看，他雖然相貌很斯文，神情卻有點色瞇瞇的。後來經怡靜介紹，才發現他是她的乾哥。

當天唱歌結束後這位乾哥主動說要護送我回家，也不管三七二十一就跟在我機車屁股後面陪我騎到了家門口。雖然這舉動讓我覺得有點無言，但我並不討厭他。後來我們陸陸續續又有了幾面之緣，對彼此有了好感，便開始交往。不久後我也再次有了身孕。

這次剛懷孕的時候，我心裡有一種強烈的預感，知道自己肚子裡的寶寶是個男生，而且還有另一個很肯定的感覺——這個孩子會歸我。

當時的我，對婚姻已不抱持任何幻想。再加上我很篤定這個在我肚子裡的小孩會與我成為家人，因此更不覺得有結婚的必要。對我而言，結婚變成只是一種形式上的責任。事實上就算結了婚卻不盡父母職責的人也大有人在。但我的超級傳統阿嬤無論如何也不可能接受我這樣的思想，對她來說只要子嗣不要婚姻，這種想法太過頭了。

為了不讓阿嬤不開心，我最後還是硬著頭皮把這婚結了。這次婚禮與第一次婚禮不同，我的心情不再那麼漠然；而是滿心熱切地希望一切趕快結束。我感覺自己就像一隻猴子在表演結婚給人看一樣，反正收的門票費也不是進自己口袋裡，快快結完讓我下班吧。

∞

為了讓自家人開心，我上台表演結婚。為了讓對方家人開心，我把pub的工作辭了。雖然我嚴正聲明自己是賣聲不賣身，但不管如何對思想傳統的人來說pub就是一個不好聽、不好看的地方，更不要說是在裡面工作的人。說真的那是一種不明就裡的歧視，但我無可奈何，為了保住大家的顏面，我聽話當個愛結婚的好寶寶。

但怎想到我的第二任前夫，是個婚前婚後大翻臉的爛人。

第二任的一家也是住在一間公寓裡，空間狹小歸狹小但他們沒有煮菜強迫症，不用每天永無休止地煮早中晚餐，只不過這不代表第二任婆婆是個容易取悅的人。我煮菜煮太多了會被她嫌浪費，煮少了又被說我想要餓死她們。

每當我因為邊做月子還要邊做家事而顯得疲憊的時候，她就會說：「妳累什麼！我生完小孩第三天就去上班了！」聽完我也只能拖著疲憊的身軀默默地去幫我兒子洗澡。

通常這種時候，家裡的兩位男人（我的第二任跟他爸）都會死守在電視機前，當我這個懷孕做月子的女人是空氣。更令人傻眼的是，第二任在跟我結婚前事事以我為先，結婚後，在我身懷六甲的同時，他居然夜夜笙歌，一天到晚跟他的「兄弟」混。

混吃混喝、打撞球、唱歌樣樣來。他這人是鐵了真心不去工作，每天就忙著到處花錢、借錢，其程度誇張到小孩都要出生了醫院的費用都付不出來，最後是不得不請他弟弟出面刷卡，小孩才得以順利出生。

似乎嫌這一切還不夠過分似的，有一天，當我在家裡忙進忙出，做月子做到身體都要壞掉了，我第二任的阿姨居然還衝進我房間，質問我是不是把第二任的錢都拿走了，指責我在控制他的錢。

聽見這種荒謬的指控，我白眼大翻回了一句：「拜託，就連我兒子的尿布錢都是我娘家出的好嗎！」原本粗聲大氣的阿姨聽見我的回覆就羞紅著臉跑走了，邊逃還邊說：「好丟臉喔，好丟臉喔。」

就這樣，每天聽人冷嘲熱諷，看自己丈夫擺爛，鬧劇一般的月子做滿了三十天之後，我為了賺小孩的生活費，不得不回到半導體工廠上夜班。那時如果選擇等我第二任拿錢回家，我跟我兒子早就餓死了。這段期間我白天顧小孩、煮三餐、伺候家裡的幾位大爺，接著晚上進工廠，一天只能睡兩三個小時，辛苦程度可想而知。

12 誰拿菸草餵我兒子當零食吃

在第二任家裡一年過去了，夜夜工作的我多少存了一些錢，作為我日後的離家基金。

這次，我是做足了離婚的準備。

對於第二次離婚，我毫無歉意、悔意。讓我決定要離婚的起火點是早在我懷孕期間，就接到了一通第二任前夫的前女友小淳的電話。她要我「管好」老公，不要讓他一直打電話騷擾她。她傳了一些我第二任前夫傳給她訊息給我看，裡頭寫的是他還在等她——我當然氣壞了。不光如此，有幾次他在外頭狂歡過後，還很紳士地「護送」他的友好女性回家。從那時開始我就確信自己有一天一定會跟這個爛人離婚。

以上林林總總的破事累積起來，逼得我不得不執行天字第一號離婚計畫：我把離婚協議書先放好起來，因為知道第二任絕對不會輕易簽名，所以我決定先離家出走，一去就是六個月。夫婦分居超過半年，沒有履行夫妻義務，可以主動申請離婚；為了結束與第二任的關係，這次我真的是做足了功課，讀了不少法律相關的書。

剛好結婚的時候沒戒指，也沒聘金，本來我也不希罕，這麼一來再好不過，我可以走得乾脆。一開始我因為愚孝，聽阿嬤的話完成了這樁婚事，但自己的人生畢竟是自己的事。我沒辦法與這麼不負責任的人生活下去。

在外流浪靠姐妹

從第二段婚姻離家出走的時候，我全身上下沒幾個錢，但也沒有回阿嬤家，反而是跟pub的朋友借了三萬塊租了一間小套房躲在裡面。一方面我是在鬧彆扭，跟阿嬤賭氣，不想讓她覺得懷孕沒結婚丟臉，現在要離婚了也丟臉。另一方面我也不想麻煩她，因為我做了我自己的選擇，應當為此負責。

一開始離家出走時我沒有帶著兒子，是覺得第二任再怎麼沒用，他家至少還是個可以遮風避雨，讓孩子吃好穿好的地方。我繼續待在半導體工廠打工，並委託怡靜當我兒子的保姆（不放心讓第二任照顧他）。她為了這件事毅然決然辭去了自己在工廠的工作，每個月只跟我拿五千塊奶粉錢（外加一些雜七雜八的費用），基本上她可以說是無償在幫我照顧兒子，我真的很幸運能有她這個朋友。

原本以為兒子的事一切都安排妥當了，怎知幾個月過後，有一天怡靜把他抱來，我驚覺不對——他變得越來越瘦——便質問起第二任。

這下我才發現，原來他把我給怡靜轉交的奶粉錢全部變成了自己的酒錢，還辯解說小孩子會吃飯就好，不用喝奶。更誇張的是我還從怡靜口中得知，他有時會把小孩帶去各種煙霧瀰漫、酒氣沖天的聲色場所，以供大人「賞玩」，甚至還有他的匪類朋友要拿菸草要餵我兒子當零食吃。

這下我當初懷孕時的第六感靈驗了。我誓死要拿到這個小孩的監護權。

重返歌場

有了第一次離婚的經驗值，我變得非常務實。我知道自己一定要有錢才有可能在法律之前站得住腳。於是我選擇回去pub工作，在那邊工作我才能拿到更高的薪水。原本我考慮要回去之前的那間pub工作，但得知它換位置到了一棟大樓的地下室之後，不知為何我直覺上就是沒辦法接受那個地點與氣氛，於是去了另一間pub應徵。

新的這間比第一間來得要精緻許多，不論裝潢或行事風格都是如此。這裡有一間專門面試員工的辦公室，甚至還有一個試唱間。面試我的人是pub的執行長，相貌非常英俊。在面試過程中我得知要在這邊工作的話不只是唱歌，連台風、走路、坐姿都要非常講究。

我自然答應了執行長的要求，事後也真的開了眼見。

我在第一間pub的同事都是大喇喇地盤腿坐著聊天，講話不時會爆「善意的粗口」問候彼此父母，整個環境氣氛就像是個無拘無束的原始叢林。然而新的這間店除了拘謹，還是拘謹。每個人都非常注意自己的言行舉止，不管在任何情況下都表現得像個模範生一樣。也因為如此，這裡是個不太「友善」的地方，只因為大家的偶包都非常，非常沈重。但這對我來說不成問題，因為我本來就不是來快樂上班順便交友的。

在pub工作這件事講起來不體面，工作氣氛也很不輕鬆……這些事都無所謂，我需要這份工作能提供的薪水，才能讓我在支付各種生活開銷後還有錢能找律師諮詢。我百分之百確定要我第二任把兒子讓出來，他們家是決計不肯，但我不可能就這樣讓我兒子被他無能的父親糟蹋。

少來法律這套

在跟第二任離婚之前，我跟他爸算得上是可以和平共處。他老人家為人海派，交友算是有點「複雜」——常常會邀請三道九流的朋友來家中聚會。通常這種時候他都會很開心地把我介紹給他的朋友認識，平常在家中也不會擺臉色給我看，甚至會在我被惡婆婆霸凌的時候幫我說話（還因此惹得他老婆生氣）。但當他知道我要跟他搶孫子的時候，立刻急得跳腳，目露凶光恫嚇我要找律師來談。

我沒多說什麼，只回了一句，我等你。

當時我已對我作為一個母親的權利瞭若指掌。我知道父親帶未成年小孩進聲色場所，餵食菸酒，等同違法。在父親沒有盡到養育義務、不務正業，小孩又未滿三歲，再加上爺爺本身又前科累累的情況下，要爭奪監護權，我的勝算要比他們大太多了。今天搬法律出來嚇人，他們才是應該感到害怕的那一方。

確實，他們也明白自己不可能講法，便選擇「動情」——第二任的爸爸問我要多少錢才願意放棄小孩？而我毫不留情面地要他拿兩千萬出來。

「你這是在賣小孩！」

「對，我是在賣小孩你怎樣？」

我花了多少心力、青春，去養活這個孩子，難道不值這點錢嗎？我知道自己這麼做是得理不饒人，但我就是牛脾氣如此——只要我知道自己站得住腳，嘴就軟不下來。

最終，我的計畫成功了。從此之後成為我兒子的主要照顧者，怡靜依然是保姆，從我這邊接孩子過去定期跟他爸會面。

13 燃燒的心

在pub的工作是月休六日，不能休週末，上班從中午十二點開始，到隔天早上六點收工。輕鬆的時候凌晨十二點可以回家，客人玩瘋了的時候有可能會到早上八點。底薪六萬，看似高薪，但十足都是熬夜，用命換來的。

不管室內裝潢看起來再怎麼富麗堂皇，這裡畢竟就是讓人喝酒的地方；酒過三巡後，許多本來衣冠楚楚的男人就會變成猴子。我曾經親眼目睹一位客人，跟著老闆與客戶一起來喝酒，不知他怎麼搞的，喝著喝著就把自己全身衣服都脫光了。不止如此，他還開始狂妄地大喊，說自己很「大」。諸如此類的荒唐，五花八門。

這段期間我雖然錢賺得比在工廠多，但也花得兇。只不過我不是狂花錢在自己身上買名牌奢侈品，而是幫家裡換家具、換家電，讓家裡看起來體面一點，為了不讓別人把我們家看得寒酸。這時我還沒開竅，沒有理財觀念，每個月為了繳房租、應付家庭開銷、帶怡靜跟小孩出去、給阿嬤生活費，每到月底我就口袋空空了。

這樣的生活，直到有一天我接到了阿嬤生病的消息，才有了轉變。

∞

根據醫生的說法，阿嬤是免疫系統失調，導致紅斑性狼瘡病變，使得她渾身風濕痛。說實在的，以她一直以來使用身體的習慣來看，她的身體鬧罷工，是很自然的結果。

為了方便照顧阿嬤，我帶著兒子從小套房搬回了家中。直到此時阿嬤才知道我原來第二次離婚了（還拿到了監護權）。這次跟第一次離婚不一樣，她沒說什麼，一方面大概是身體不舒服沒有多餘的力氣罵我，另一方面是這段期間我改善了家裡的生活，她明白，我已經是這個家的經濟支柱了。

然而，可惜的是，不管我怎麼努力支撐這個家，也沒辦法退回政府要徵收土地的通知。就在我帶著兒子搬回家沒多久之後，後院的大樹被砍倒，旁邊的小河被填滿，庇蔭我整個童年的秘密基地就此消失，阿公為我們一手打造的家被拆掉了。我們不得不開始尋找新的住所。

家族裡的親戚、左鄰右舍知道我們失去了老家，阿嬤身體狀況堪憂，紛紛前來致意，表達他們對阿嬤的「關心」。

「我家小孩都讀大學，你們家的幾個都沒有用。上班薪水沒多少。」

因為大家熱烈的鼓勵，我的進取之心開始完全燃燒——我決定參加高普考，進入健保局當公務員，為政府做事，這樣才不會辜負左鄰右舍對我們的期待。同時，我也是為了配合兒子上幼稚園的作息，一直考慮要從pub離職，找一份朝九晚五的工作。

當然，這是原本的計畫。

當了短期公務員

在高普考的補習班學習一個月之後，我發現這些教科書似乎不難讀，就索性翹掉補習班龜在家裡讀書。而我考運也實在不錯，考試當天的題目都會寫。就這樣，我順利當上了公務員，為家裡爭了一口氣。

離開五光十色的歌廳，來到了日光燈照耀，寧靜的辦公間裡頭，掃描文件、影印文件、建檔文件……過著近似佛寺一般的生活，領著大幅縮水的薪水。俗話說，由奢入儉難，此話不錯，而我的情況是由儉入奢再入儉，更是難上加難。我雖然當上了公務員，但過去幾年已經養成了把好東西往家裡塞的習性，食衣住行也不得馬虎，同時我也希望兒子能上好的私立幼兒園……這讓我想起了阿公——自己小時候沒有的東西，要在後代身上補回來。

這段期間，小孩的教育費、生活費，第二任一毛錢都沒有出過。我一個人為了兒子各種生活開支忙得焦頭爛額。終於有一天我實在受不了了，向他開口尋求協助，希望能多少獲得一點支援：「好歹幫我繳個五百元的註冊費吧！」

沒想到，這人居然為了五百塊，就再也不跟我們聯絡了。甚至他還把兒子每個月四百塊的健保費也退了。

雖說一種米養百種人，但一個做爸爸的寧願把錢全都花在自己跟朋友身上，就連五百塊的學費都不願意出，也真是絕了；而這傢伙居然還好意思事後到處造謠，說是我不讓他跟兒子見面。

當股票分析師之後

為了改善低薪、無趣的生活，我最終辭退了健保局的工作，去銀行上班。當年去銀行上班還算得上是一件很分的事。況且自己身上沒錢，去一個都是錢的地方工作，多少有一種很療癒的效果。

那是一間知名的外商銀行，我應徵進去的時候是行政助理，基本上工作內容非常單純，跟在健保局上班沒啥差別，但有一件事讓我開了十足的眼界——看股票分析師操盤。我第一次體會到什麼叫用一塊錢滾一百塊，把一萬元變十萬元。原來人還可以這樣賺錢，原來賺錢不等於是領死薪水。

看著這些人賺錢的樣子，讓我想起了那些冷眼冷語的親戚在過年的時候大談自己靠股票賺了多少錢。我決定以他們為「榜樣」——不想輸——我也要學著用股票賺錢，把自己變成一個金融鉅子。

在聽到銀行佈告接下來有股票分析師的考試之後，我花了一個星期準備，順利考到了分析師的證照。剛開始的時候算得上是順風順水，上班第一個月因為業績超標，立刻當上了主任，還獲得了人生第一次出國的機會，去海南島玩了一圈。

可惜我的新手強運沒有維持太久，事實上第一個月的業績也是靠我小舅舅捧場才達標的，嚴格說來跟我的實力無關。作為一個菜鳥分析師，我沒經驗、沒人脈，當時身邊肯買股票的人也很少；因為買一張股票動輒好幾萬塊，對這個領域沒概念的人幾乎都把我當成詐騙集團。

不料日後對股票稍有一點心得之後，才發現當初賣給小舅舅的標的還真的是個二貨，包括我手上其他的標的也全都是些不入流的東西。不願荼毒親友，又找不到任何倒霉的路人，很快我的分析師生涯就撞到了天花板，業績則是坐電梯去了地下樓層。

苦撐了一段沒有業績的日子，我決定放棄掙扎，從股票分析師一職脫身。但我沒辦法也從母親與孝女的身份脫身，我得盡可能地賺錢。

最後，我選擇回到pub，重新以歌手為職。一方面這樣錢賺得比較快，二方面畢竟那個時候還是愛玩，覺得在pub唱歌的生活要比坐辦公室來得有趣，錢又賺得快。但這次我沒有上全職班，畢竟小孩上學了，我想多少陪伴他生活。我以兼職的方式一天唱四五個小時，凌晨兩三點回家，早上七點半起床送他上學，回家再接著繼續睡。

這樣沒日沒夜的人生，過了五六年之久。

14 巨嬰駕到

有個遮風避雨的地方，孩子的監護權在我手上，在外頭有穩定的工作，在家裡衣食無缺。照理來說，我所匱乏的都獲得滿足了，理應感到快樂，但我卻依然感到心好累。畢竟，當初我是為了「逃離」我的家庭才進入了婚姻，現在回到了家裡，一樣的老地方——老問題還是依然存在。

首先讓我感到疲憊的是，我覺得自己變成了阿嬤的搖錢樹。

一開始我拿錢回家的時候還會有一種優越感，因為一直以來阿嬤都把錢看得很重，拿錢回家會讓我覺得自己很重要。然而奇怪的是，不論我拿了多少錢回去，她只會開口閉口說我沒用，嫌我離婚沒用，嫌我把錢都花光了，害她得跟姑姑或是誰借錢。事實上，我每個月的所得，在扣除養子、日常吃喝的費用之後，我幾乎把所有剩下的錢都給了出去，但她還是永遠在對我生氣，也永遠只知道對著我喊出幾個神奇數字，就要我變出相對應的金錢給她。

這個世界上，只有一個人拿錢給她，哪怕只是幾百塊錢，才會讓她開心。

∞

在我經歷過兩次婚姻，回到家中的時候，大弟也已經長大成人了——十九、二十歲出頭，個子高，模樣也挺帥的。只可惜他從國中畢業，高一輟學後就開始偷搶拐騙。

早從他國中開始，我就看過他跟女朋友爭吵，要對方趴在地上學狗叫，用腳用力踹她。最後還把人家肚子搞大了，逼得阿嬤出面擺平。他不喜歡上學，於是去宮廟混兄弟、當八家將，不知怎麼搞的欠了一屁股債，鬧得沸沸揚揚，最後又是請阿嬤跟大姑姑出手幫他繳清債務，才得以全身而退。

有一陣子聽說他在北部的渡船頭工作，以為他從良了。後來發現他在經歷了種種人生的歷練之後有所醒悟——決定去詐騙集團當車手。

一天到晚在外頭騙錢的他，回到家中自然也沒別的事可幹。他見到我跟大姐的時候只有兩套台詞，一是手機費沒繳，二是摩托車分期付不出來。美其名說要跟我們借，但借給他的錢就像流進水溝的水。要是不借的話，他就會一直站在你房門口，無限跳針同一句台詞死纏爛打，直到你被精神轟炸到體無完膚，拿錢出來為止。

沒借錢的時候（或是應該說借到錢的時候），他就一天到晚帶狐群狗黨來家裡吸安，吸食器就直接大喇喇地擺在房間桌上，整個家裡被搞得烏煙瘴氣。每當有警察會直接衝進來抓人的時候，他跟他的黨羽就會拔腿跑到我們家樓頂，跨越兩棟樓之間的障礙躲到隔壁住戶的陽台去。

說真的，我從不歧視混流氓、走江湖的人。但我一直認為一個人要耍狠使壞，就去外面耍，真正厲害的流氓不會把問題帶回家裡。但我大弟完全不把自己造成的麻煩當一回事，應該是說，他完全不把我們任何人放在眼裡。

為什麼我阿嬤跟我媽把大弟養成一個如此的廢物？我問自己，痛徹心扉地問。為什麼我做了那麼多事，從來得不到一句阿嬤的讚美？反而只聽到她無盡的要求，還有空穴來風的詆毀？

孝子的絕招

不論是詐騙、坐牢、偷小弟的錢、偷我兒的錢、敗掉媽媽留給他的一棟房產、跟表叔聯手盜領阿嬤存款三十萬……不論大弟做了什麼，他只須要開啟孝子模式，就立刻可以成為阿嬤的最愛。

所謂的開啟孝子模式，基本上就是滿嘴甜言蜜語的意思。大弟非常懂得如何跟阿嬤撒嬌、討她開心。撒嬌的同時，他也可以忽然從一個平常對家裡的大小事不聞不問的人，變成熱心的孝順糾察隊，毫不留情地指責我跟我姊還有小弟平常沒把阿嬤照顧好，順便責罵我兒子不聽阿祖的話。

他演這齣戲的時候，一臉就是他在外頭打拼多辛苦，靠一己之力撐起了這個家的樣子，而我們居然連孝敬老人家這點小事都做不到。等他把甜言蜜語講到阿嬤心坎裡去，從她手上拿到錢以後，還不忘了臨走前跟左鄰右社進行大外宣，把自己的姊姊講成不孝順又不顧家的廢人。

我當然知道他在幹嘛——他想當一輩子的皇帝，想像小時候一樣佔下所有功勞。

對於他這種寡廉鮮恥的吃相，還有種種莫須有的指責我一概吐槽到底，絕不退讓。虧他自己十幾年下來不過只付了幾萬塊的看護費，還敢把我說成是個騙他錢的騙子。

然而，整件事最讓我感到心寒的是，是阿嬤居然會昧著良心跟大弟一搭一唱。她到處跟鄰居散播我跟姊姊還有小弟的壞話，抱怨我們一天到晚出去玩，身體痛也沒人照顧她，彷彿她跟大弟是彼此唯一的知己，我們其他人都是迫害他們的壞人。

聽到她這般抱怨的時候我常常氣到渾身發抖。到底每個月匯錢給她，上班累得跟狗一樣，下班之後還開車載帶她出去玩的人是誰？我一直以為那個人是我，原來其實是隱形人？

「妳只會維護大弟，他講什麼妳都說對！」

「他不管怎樣，都是妳小弟！」

好幾次我忍無可忍，不得不當面跟阿嬤對峙衝突。但我們兩人的對話永遠卡在這裡——他不管怎樣，都是我小弟。我做姊姊的，應該要多照顧他。

他是我小弟，所以我永遠不能出去玩。

所以他看電視，我洗碗。

所以從小他穿名牌，我穿回收。

所以他犯了錯，我來下跪。

所以他吃好料，我吃廢料。

所以媽媽要把房子登記在他的名字下面。

所以他去外面犯法，我為家裡犯愁。

「為什麼一直要求我照顧家裡，原諒弟弟??為什麼不是大姐??」

「大姐比較笨！」

「我比較厲害，我操死就好！」

「我養妳們四個，還不是一樣現在好好的！」

「我就跟妳一樣，活該死掉！大家都一樣三十幾歲還要我照顧，他是在喝奶嗎??」

家裡沒錢，從來就不是真正的問題。物質上的匱乏，我可以用百分之一百二十的努力讓自己站起來，支撐家庭所需。真正的匱乏，是我感受不到包容與愛。我只感受到無止盡的指責與壓榨。

難道女人生來就這麼命賤嗎？

這麼賤的命，活著到底有什麼意思？

而接下來發生的事，也確實讓我到鬼門關走了一遭。

15 地獄引路人來了

我的地獄引路人，名叫阿詠。

認識他的時候，他跟朋友從中南部上來桃園出差。工作結束後，晚上閒著沒事想找地方喝酒聽歌，就混到我工作的pub來了。

話說這時我已經意識到，自己在pub裡面的工作雖然是唱歌，但很多時候大家要聽的其實是一種心情——聽到有人在關心他。常常我站在台上，看到這個人心情不好，就隨口問候他幾句。有些人喝多了，也不管三七二十一就把自己的私事、煩惱當場全扯了出來。聽完他們的心事我就唱一首歌送給他們。唱完歌不時再補兩句幹話，像是我其實都是在拐他們出糗聽我唱歌之類的，大家倒也樂得捧場。

那天我照常在台上跟觀眾social，發現台下有一位不太一樣的觀眾——阿詠。他不會像一般的客人亂出鹹豬手，講話的感覺也比較單純，又加上我們的年紀相仿，在交談過了幾次之後，很快我就對他產生了好感。

用「瘋狂」來形容阿詠對我的追求肯定不為過；從那一晚之後，他開始每天南北通勤，只為了能見我一面。我上完班，早上送完小孩去學校，回家補眠之後，中午會有一段空閒時間，阿詠會趁這個空檔開車北上見我，待到將近五點下班之前再衝回去打卡。

自然，我接受了他的追求，跟他成了男女朋友，展開了熱戀期。基本上在交往過程中他都對我很好，只不過當我們交往快滿一年的時候，有一天我發現他其實還有另一個女朋友。

「有女生用臉書私訊我要找你，你很會藏嘛？北部一個、中部一個，那麼幸福喔。」我質問他。

「沒有，我已經跟她分手了。」阿詠說他是在跟我開始交往的時候，慢慢跟她分手的。

為了這件事我們當然起了爭執。但吵歸吵，既然他跟她的感情已經是過去式，我就沒有繼續追究。但我因此發現，阿詠的家人其實很希望他跟那名女生繼續在一起——因為她是幼稚園老師，名門正派。而我呢，在他們眼中就是一個在pub上班的風塵女子，不論我的工作內容到底是什麼。

為此，阿詠常常喝酒喝到昏天暗地、外出鬧事，以表對家人干涉自己感情的反抗，也算是一種對我癡心絕對的表現吧。他繼續每天飆車來見我，只是每次都必須表現得偷偷摸摸，每當他的手機鈴響，發現是他家人在打電話找他的時候，我必須在一旁變成一顆安靜的石頭，不能發出半點聲音。

這樣交往下來，久而久之，我開始不時會一個人待在房內，誰都不想見。同時還會不停埋怨自己的身份，認為都是因為自己是個沒學歷的單親媽媽，才沒辦法被阿詠的家人接納，沒辦法跟阿詠正常地戀愛。浸淫在這股自艾自憐的情緒中，有時就算是我兒子來敲門我也避之不理，只叫他去找阿祖玩。其實我是將這些負面情緒遷怒到了兒子的身上，視他為阻撓我生活的眼中釘。

休想靠懷孕進我們家門

身為一名女性，除了包容、忍耐、再包容之外，還有一項重大功能，我可謂是在人生中發揮得淋漓盡致——在我跟阿詠交往到了第三年的時候，我又懷孕了。

這次是雙胞胎。當我把這個消息告訴阿詠的時候，他顯得很開心，甚至也與我論及婚嫁，而我自然也很期待生下肚子裡的兩個小孩。

但這樣的好心情沒有維持多久，就被一通電話就打散了。在懷孕差不多四個月的時候，我接到了一通阿詠媽媽的電話，接起來劈頭就是一頓痛罵與羞辱。

「妳是不是因為要我們家的錢，才故意懷孕要生小孩!!」「妳是什麼東西！人家是幼稚園老師，妳是什麼?高職畢業，帶個拖油瓶，想靠懷孕進我們家門，妳算哪根蔥!!」

接這通電話的時候，我腦中一片空白。這三年來，我自己上班、賺錢，沒有用過阿詠半毛錢。就連他開車來找我，中午吃的便當都是我幫他買的。要錢，我自己就有。我要的從來就不是錢。

媽媽掛上電話，接著阿詠打來了。這位我當時的男朋友、肚子裡兩個小孩的爸爸，對我說了什麼？

「誒我媽說她看到妳跟別的男人同進同出耶。妳確定孩子是我的嗎？」

這三年來他一次都沒有帶過我回他家，真沒想到他媽已經先看過我了。

「我媽說她有去廟裡問仙诶，仙诶說那個小孩不是我的。」

原來是請神仙看的，怪不得。大概是千里眼。

「我媽說……

「我媽說……

「我媽說……

「我媽說原來妳是這種人！」

說句公道話，阿詠真的不是壞人，他曾經對我很好，但只是被家庭的壓力給壓垮了。他沒有勇氣、沒有主張，更沒辦法脫離家庭的保護傘在社會上活下去，簡而言之，就是個大戶人家的媽寶。

「我二十四小時跟你在一起，妳媽是在哪看到我？？」我忍不住對他破口大罵。

幾通電話來回之後，阿詠一家人依然堅持小孩不是他們的種。從這個時候開始，阿詠的媽媽會在最後結束通話之前，留下一段「語重心長」的結語——妳家有老有小，要想清楚，不拿掉小孩的話會有什麼「後果」，我們可沒辦法保證會發生什麼事……最後他爸爸也出場了，補個幾刀，重複了幾句類似的事情。

想一想，要是當時沒有他們最後「善意的提醒」，我很可能會硬把兩個小孩生下來。但其實當時我幾乎沒辦法思考任何事情；我的精神狀態已瀕臨崩潰邊緣。

我最後的回應是，好，我會拿掉。但人在做天在看，你們家一定會有報應；

講這些話的時候我幾乎要把牙給咬碎了。

在這之後，阿詠還打過一通電話，給了我一個友善的「建議」——他要我把現在身邊的小孩還給第二任前夫，搬去中部，他會找一個地方讓我把肚子裡的小孩生出來，並從此在那邊當他的「秘密」家人。他有的是錢可以安排這一切發生。

不愧是家業龐大，算盤果然打得好，但我怎麼可能因為這樣去傷害已經在我身邊的孩子。

這是妳的決定喔

懷胎四個月的小孩，沒辦法用墮胎藥處理。我只能像個斷了懸絲的傀儡，被阿詠帶去醫院引產。那個時候我們之間沒有情愛，只剩仇恨。

到了醫院，我上了產台，只可惜我要迎接不是新生命的誕生，而是死亡。醫生在我安置好之後，開始整件事情的sop；他拿超音波往我肚子上一貼，兩個活跳跳的小孩就在螢幕上顯現了出來。

「他們會動喔，有手有腳喔……

「這個流程妳ＯＫ嗎？這是妳的決定喔，沒有人逼妳喔……」

是，這全都是我的決定、我的簽字、我的小孩、我的人生。一切的一切全部都是因我而起，跟其他人完全沒有關係。

半身麻醉的我，躺在手術台上，任由手術在我體內發生。我的頭腦還清醒，但我永遠不想再醒來。我沒有傷害任何人，為什麼要承受這樣的痛苦？我用盡力氣去獲得愛，為什麼會落得這個下場？

引產出來的小孩是活的，他們從會動，到不會動，到被醫生拿五公分左右的小鉗子肢解，放到一個小罐子裡，像一瓶垃圾被丟進廢棄醫療桶裡——從雙胞胎到人渣——過程中我始終沒有睡著，親眼看著這一切在我眼前發生。

最後醫生用一個像吸塵器的東西伸進我體內，將胎盤、殘骸吸了出來。一個人被掏空莫過於於此。清潔完畢，下了手術台，我直接攤到了地上。

∞

阿詠載我回家，一路上我們沒有說話。他送我進了家門就回去了。快五點了，他要趕在下班之前回去打卡。我的小孩、我的人生，跟他沒有關係。是時候下台一鞠躬了，這三年來我盡心盡力地付出，卻換得如此痛心的結果。

不，豈止是三年。

每次。永遠。都是如此。

那天，當阿詠離開了以後，我回到房間，摔爛了所有東西。隨之而來的，是一陣大血崩。早在懷女兒的時候，我做過一次身體檢查，發現自己其實有先天性心臟病，還有海洋性貧血。大量出血是可以殺死我的，但我活著幹嘛？

我只是一個生來就低人一等的女人，家裡沒有任何人可以依靠，什麼都要靠我扛，被踐踏了、欺負了也沒有任何人可以幫我。

除了尋死，我別無他想。

16 兩種死法

當時，若有任何人看見我在房間裡的樣子，大概會以為那是一幕恐怖片的現場吧。

我的手上、臉上、身上無不沾染著鮮血。任何我抓得到的東西，都被我砸到牆上，推到地上。我把鏡子打破之後，故意抓起破裂的玻璃，刺傷自己的手，再揮自己巴掌。我知道我的下半身正在出血，也知道自己身體的各種狀況，像是心臟缺陷、貧血等等的問題，但我沒有想要活下去的意思，我完全失控了。

當時我兒子去上學還沒回家，阿嬤在家裡睡覺，兩個弟弟不在，大姐也已經嫁出去了；沒有人知道我發生了什麼事。

阿嬤雖然在家，但我絕不可能求助於她，我跟她的關係這麼多年來已降到了冰點。阿嬤對待我的態度，讓「家」在我心中完全沒有避風港的感覺，反而更像是暴風圈，一個會經濟勒索、情緒勒索我的地方。

一直以來我害怕被人討厭、忽視，所以我盡力做好所有事情，盡力去照顧所有人。但當我掏空自己、付出了所有的努力，除了被所有人視為理所當然之外，還得到了什麼？只有更近一步的掏空而已。

與其這樣活下去，我不如了結生命。

但血崩與自殘並沒有殺死我；我居然被一個在pub認識的朋友給神救援了。那天他先是撥了幾通電話給我，沒人接聽之後他不知動了哪根神經，居然直接跑來我家。

「你這個白癡，我真想揍死妳。」他見到我之後說了這句話，然後就把我抓上車帶去了醫院。

血崩後被送進醫院，又被救回來之後，我照常生活、上班、帶小孩。家人們自然知道我的事，但大家什麼都沒說。說實在的就算他們真的說了什麼我也聽不進去，那時候的我只要腳步一停下來、身邊一靜下來，我就想死。

因此，自殘之後，我嘗試了燒炭。

燒炭，再一百顆安眠藥

那天晚上我想尋死，就到家附近的便利商店買了一包炭。還記得店員隨口問了一句這麼晚還烤肉喔，我回說是啊，家裡烤肉沒炭了，我幫大家跑腿。

我住在我們家的二樓，平常下班後我會把兒子從一樓阿嬤的房間帶上二樓，跟我一起進房睡覺。那天我沒有叫醒兒子，而是扛著那包炭，一個人靜靜地走上二樓，洗了個澡，還把地上擦乾，希望能為自己的死亡營造儀式感。我特地畫了妝，把自己弄得漂漂亮亮，還穿了一身紅色洋裝（沒錯就是立志當女鬼）。

梳妝完畢之後，我走進廁所，把門窗都封住，在浴室裡點起炭起來。

咚咚咚——

然而一陣急促的敲門聲把一切打斷了。是我兒子醒了，他想進來尿尿。

「媽媽，妳為什麼要在廁所裡烤肉？啊肉肉咧？」

「媽媽生火，但是忘記買肉肉了。不烤了，我們去睡覺。」聽見兒子的話，還有我自己的回答，我不禁笑了出來。

那天晚上我抱著他，渾身都是炭味。

之後，我照常工作，一如繼往盡可能地工作。我想多賺一點錢，心想哪一天要是我自殺成功，兒子還有錢可以讀書，阿嬤可以養老。

第二次自殺，我一次吞了上百顆安眠藥。早在引產之前，從我不得不瞞著阿詠的家人跟他交往開始，我的精神狀況就變得不太穩定，就診之後被醫生判定有憂鬱症／躁鬱症。幾年下來已去精神科拿過好幾次處方籤。我既然懂得為離婚做準備，自然也懂為自殺做準備。早在阿詠他媽羞辱我之後，我就有了輕生的念頭，為了能順利死掉，我一次跟醫生拿了三個月份的安眠藥。那天我在房間裡，一次把所有的藥都拆了出來，把它們全部吞了下去。

醒來之後

吞藥的三個月後，我在療養院裡醒了過來。

我是整整昏迷了三個月嗎？並非如此，這三個月來我夢夢醒醒，也有印象自己從急診室被送進療養院，但我認為在醫院裡的那個人不是真正的我——那是一個不斷服用藥物，不想面對現實，只要一醒來就慌張的女生。把護士給的藥吃下去就可以讓一切變得朦朧；這正是她需要的——不要清醒。

在夢夢醒醒的這段期間我有看到阿嬤站在我床邊，但我拒絕面對她。反正我不是大弟，她又不在乎我，看見她我只想吞藥。除了她之外我還有看到我兒子，但我也遷怒於他。反正他隨時可以回到他爸身邊，我為什麼要帶著他。這個拖油瓶害我被羞辱、被別人罵。我閉起眼睛，又吞下了另一份藥。

恍惚之間，我張嘴吞下所有擺在我面前的藥丸。我不想醒過來，是因為我在求死嗎？

不，其實我依然渴望活著——我渴望被愛。

在這個時候，我忽然想起了我爸。

這個在我們最需要他的時候棄我們於不顧的男人。

想起一個可以打電話的人

這麼多年來，我跟他沒有聯絡。無可否認，他是個不負責任的混蛋，在家裡有難的時候丟下我們一老四小自生自滅。因此這麼多年來家裡的所有人都心照不宣——跟爸爸建立關係就等於是背叛阿嬤、背叛這個家庭。

然而，即便我理解他對這個家做的事情是不可原諒的，也知道他是個不稱職的父親，但他在我心中，仍然是個願意疼愛我的人。

「如果有一天我跟媽媽離婚，妳跟我走好不好？」我一直記得他對我說過這樣的話，雖然很窩囊，但他這麼說確實讓我感到自己有點特別。

然後，我還記得，他也曾說如果我出了什麼事，可以打電話告訴他。

那天我在病床上，處在某個恍惚的間隙之中。我沒吃藥，反而是拿起手機，撥了通電話給他。

「爸，我在醫院。你在哪裏？」

掛完電話，不知到底過了多久，他出現了，穿著一套很休閒的運動服，像是在家附近散步順道來探望朋友似的。當時我在睡覺，他來到我床邊把我搖醒，問我還認不認得他是誰，並且要我趕快好起來。

「妳是四個小孩裡面最巧的，妳怎麼會這樣？」一邊說，他一邊偷偷塞了一些錢給我。碰巧的是那時病房裡剛好只有我跟他。

「妳要堅強。妳還有妳的兒子。趕快好起來！」

這個身為父親卻拋家棄子的傢伙，從沒有為自己的家庭負過應盡的責任，並且完全缺席了我的童年，還說得出這些話實在是諷刺到了極點。但他所說的我全都聽見了。

聽完他的話之後，我忽然想起我兒子被我第二任打的樣子。在我兒子還很小的時候，每次亂抓東西都會被我第二任用鐵筷子打手。每次喝不完牛奶也會被揍、被罵。這些事發生的時候我都會氣得把他趕出家門。

想到這裡，我發現我其實不恨我兒子，我其實想保護他。他還這麼小，做大人的怎麼可以對他這麼壞。

隔天，我醒過來了。

∞

夏天，早晨，我的病床靠窗，窗外的陽光明亮。那天整個房間裡除了點滴的滴答聲，沒有其餘聲響。

「媽媽，我來看妳了，妳趕快起床。」

我兒子拿著玩具，在我耳邊搖了搖。我看見他跟阿嬤站在我床邊。

我看著眼前這個活跳跳的孩子，忽然理解了一件事——他其實救了我一命，我卻沒有好好保護他，還害他被別人看不起。

同一時間我也想通了——這個活著的孩子我都沒顧好了，還有什麼資格不捨，遑論保護還沒出生的那兩個小孩。

那一刻我沒說什麼，只是從病床上坐了起來，看著眼前的一老一小。然後我在心中對著自己發誓——我一定要扛起自己，再也不要讓人看不起我，也不准任何人欺負我的孩子。

我要做到任何我想做的事。

我的命可能真不好，但我絕不認命！

就此，我徹底清醒了。

幸運的花

17 從夜市賣油飯開始

出院之後，雖然情緒依然不太穩定，但我很努力地去找出口，而不是像之前一樣，只是待在家中胡思亂想、遷怒於自己的兒子，我不願再落入那樣的圈套。

我想要學習、我想要變好、我想要生存下去……當時我的念頭不外乎是這些事情。而這樣的念頭，似乎確實引領我往那個方向前進了。

∞

因為不想再落人口舌，我沒有回去pub工作，而是透過朋友介紹，開始在她夜市的攤位打工，賣手搖飲。跟她工作了一陣子之後我發現像她這樣擺攤當老闆其實收入還不錯，不禁開始思考自己是否也能賣個手藝，做點小生意。經過一番思考，我發現自己立刻能夠做出來賣錢的東西，除了油飯以外似乎沒有別的。它是我從小跟在阿嬤身邊幫她做的東西，要做來賣的話比較容易上手。

當時的我大概二十六、七歲，從來沒有創業經驗，只是用眼睛看別人當老闆，還以為那是一件很輕鬆的事。我找了一位朋友借了五萬元的啟動資金，除此之外沒有零用金，也沒有備用金，就直接開店，開始備貨、選料，南北跑。

真正親身當老闆之後，這下我才發現這事根本沒有想像中的那麼輕鬆。要做一間餐廳或是路邊攤的老闆，不是會煮菜就好了，人力、成本、耗材、盈利等等都要花心思搞清楚。這對我剛出院的我來說是個很大的挑戰。

我開始四處試吃油飯、比價，並且不斷試做，希望能改善原本阿嬤的口味。幸運的是，當我正式開始擺攤之後，由於夜市裡並沒有另外賣油飯的攤位，我的攤位自然滿足了這個缺口。油飯每天都能完售，早早收攤，讓我頗有成就感。

那時我一個晚上大概可以淨賺一萬五、六千，生意不錯雖然但真的很累人；每天除了管食物、管生意之外，還要學會管人。我之前從來沒有請過員工，直到在夜市擺攤之後才知道當老闆還要花心思了解員工的習性。員工偷懶的話該怎麼辦？員工亂做把食材用壞了該怎麼辦？要怎麼應對？該怎麼懲處？

這都是我之前不曾經歷過的。

上了創業的第一課

油飯創業一年之後，我用當初的五萬元，存了五十萬，期間也跟姊姊、阿嬤合資買下了當時住的房子。雖然聽起來是創業有成，但當時家裡的開銷依然很大，依然是什麼東西壞了要換、修，都交給我負責，存到的錢一下子就花完了。

當最後我選擇停下油飯的工作的時候，我已經深刻體會到白手起家是一件多辛苦的事了。

然而，還要再過幾年之後我才會明白，在夜市擺攤的經歷，也讓我默默學會了要如何計算一間公司的人力成本，也學會要如何分析市場——不見得公司有賺錢，它的股票就一定會漲，也要看外在因素的影響。一間公司有沒有投資潛力的時候，要看它近一年到三年的盈利還有股息，是上升、下降，或停滯，來去計算它未來的走向……

在我真的變得那麼有理財概念之前，還走了好一段路。

18 妳有心疼妳的靈魂嗎

出了療養院後，在還沒有創業賣油飯之前，為了解開他人強加在我身上的情緒枷鎖，首先我的做法是去參加各種課程。

我的想法很簡單，就是我學會的東西越多，就越不會被人家看不起。雖然阿詠媽媽羞辱我的感覺實在很痛，但我想要戰勝它；她越是看我不起，我就越要學給她看。經過一番思考之後，我第一個選擇學習的項目是AutoCAD。我從小就是一個愛畫圖的人，只是國中發生小精靈事件之後再也不願動筆，但我一直沒有忘記畫畫的快樂。

打定注意後我離開了自己的房間，秉持著蚌殼精不說話的精神，來到補習班學習。那段期間我早上上課，下午下課後就回家陪兒子，真的可說是大徹大悟，從一個愛情奴隸變成了為母則強的媽媽與學生。無論我再怎麼忙到半夜，都會早上六點半起床陪我兒子吃早餐，聊一聊學校的事，再送他上學。週末我有空閒的時候就騎摩托車載我兒子跟我姪女去河邊玩，讓他們體驗我的童年——看稻田、抓青蛙、翻大肚魚。

尋找和平的機會

在這段期間我跟阿嬤的關係很一般，大概就是持平。嚴格說來只要大弟沒有出現在家裡的時候我跟她都相安無事；但只要大弟出現，我就會變得沒辦法壓抑心中黑暗的情緒。

姊姊跟我一樣。儘管她已經嫁出去了，一年回家頂多一兩次，但面對大弟時都會有同樣激烈、黑暗的情緒反應，畢竟我們從小就一起被迫活在性別歧視的陰影之下。從前被逼迫吞下的那些委屈，總是有吐出來的時候。每當阿嬤接二連三跟我們要錢的時候，姊姊都會忍不住破口大罵：「到底拿那麼多錢要幹嘛？妳就要拿我的錢藏起來給那個垃圾！」

阿嬤這時通常會強力辯解，但我們都心知肚明，她一個老人家根本花不到什麼錢，這錢最後肯定是進了大弟的口袋。這種時候，我也會忍不住在旁跟姊姊一起噴罵大弟。但我不願讓這種難堪的衝突不斷發生，於是找到了一種跟大弟（也是跟阿嬤）相處的方式，那就是王不見王，避而不見。只要大弟回家跟阿嬤要錢的時候，我就帶兒子出門，免得自己情緒波動。

拿到AutoCAD證照這件事為我打開了一扇門，一扇讓我發現這個世界上的課程好多，但錢跟時間好少的門。雖然財力有限，但我依然想要進修，於是開始精挑細選各種補習班。最後我找到了一堂我很感興趣的縣政府的補助課程；它跟我美髮本科系的功夫有關但不限於此，還教人如何營造整體造型。因為工作的關係，這時我已經累積了不少上台的經驗，也發現一個人（尤其是表演者）除了弄頭髮、化妝，小部分的美化之外，還有更多面向可以下功夫。

我之所以參加課程無非是想要藉由學習讓自己的心靈平靜；但我其實也很渴望透過課程接觸人群，來打破自己狹小的世界。想出去走走、想看新的東西、想要好起來、想要嘗試、想要被尊重、想要被看得起……我沒有用懷疑或怨恨的眼光去看待他人，或是「逃避」這個世界，反而像是一個海綿，想要盡可能地去吸取我所匱乏、欠缺的東西。

也因為如此，我在那堂整體造型的課程中，認識了一個至今我很感謝的朋友——玉慈，一個很溫柔很有氣質的女生。

我這個蚌殼精之所以會開口跟她講話，是因為課程一開始的時候老師想看看全班學生的程度如何，請大家一人拿一顆假頭，做自己拿手的造型。我不做他想，找了一顆假頭就開始把它的頭髮編成之前讓我得獎的玫瑰花。玉慈擅長的是新娘造型，對我這種偏舞台造型的編髮技術不太熟悉，因此被這朵花給引了過來。

「誒這個玫瑰花妳怎麼會編？」

「就這樣編啊，這樣……這樣……」

就這樣，我們在班上變成同一個組別，開始互相學習彼此的技法（雖然最後總是把對方給出來的風格做成自己的風格）。久而久之我開始會跟她閒聊課堂以外的事情，於是聊到了阿詠、聊到了引產。

「我覺得妳需要被愛。妳需要好好愛自己。」

這是玉慈聽完我的故事後，第一時間給出的回饋。她問我想不想一起去教會認識朋友，我答應了。

懂愛了

一到教堂，我整個人被嚇到精神都來了。

嚇到我的是在一棟小小的白色教堂裡，一群人擠在一起，聲嘶力竭、手舞足蹈地吶喊、歌唱所展現的熱情，以及他們跟神對話的那種真誠與狂熱。

「神啊！祢愛我嗎？我超愛祢的！」

「神啊！好好愛我！」

天啊，他們到底在幹嘛？這是當時我心中的疑惑。說真的，我的第一印象是覺得自己看到了一群瘋子。但其實以一個剛從療養院出來的人來說，似乎沒有說這種話的立場；然而，在他們狂熱的歌聲中我隱隱約約明白了一件事

——原來這世界上有這麼多人需要被愛。

後來，我的震驚被教友們接二連三的擁抱，還有一句又一句的「別擔心，還有我們」、「我們愛妳」化成了眼淚。

他們什麼也沒問，只管排隊給我擁抱與愛。當時我真的是從排頭哭到了排尾。而我似乎也真的在他們的擁抱與鼓勵之中，感受到一種極大的溫暖。

當天我邊哭邊看著歌詞，聽完了《恩典的記號》這首歌。

站在大海邊　才發現自己是多渺小
登上最高山　才發現天有多高
浩瀚的宇宙中　我真的微不足道

我之所以被打動，是因為它的歌詞很符合我當時的心境——感覺自己極為渺小。但我又在教友們的鼓勵中發現渺小的我其實也可以很偉大。或者是說，我的「愛」，其實可以很偉大。

去了教堂我才明白，從前自己「愛」錯了。我以前總是無限包容他人的要求，給他人無極限的寵愛；那樣的愛其實會讓人窒息。那樣的愛是無時無刻都想要掌握對方、佔有對方的愛，其實是自私、沒有安全感的人，營造出來的虛假之愛。

玉慈的愛、教會的愛、宗教的愛，其實是一種單純而偉大的東西。真正的「愛」其實無所不包，愛可以出現在一隻狗或是一個陌生人身上，甚至是一段文字上。真正的愛絕對不會只侷限在感情裡——那其實是一種無限的能量，而且這種能量是不要求回報的。一旦有所求，那就不是「愛」了，它會變成只是一種渴望，一種等價交換而已。

除了「愛」，教友們還幫助我還想通了另一件事——包容。

「妳有心疼妳的靈魂嗎？」

「妳受過這樣大的傷害，妳應該要擁抱、包容妳的靈魂！」

包容，這個詞聽起來多籠統。何況我對阿詠都包容成這樣了，還是悲劇收場；這是我一開始對「包容」的想法。我從來沒想過包容不只是對別人，也可以對自己。

當時我的感受真的可說是像五雷轟頂一般劇烈。我自問，為什麼我要一直虐待自己的心？我應該要疼惜自己，試著包容自己。

∞

在我了解「愛」與「包容」之後，很神奇地，我對我家人的恨，尤其是對阿嬤的恨，居然開始慢慢淡化了。我發現，原來當我開始包容自己的時候，我也一起包容了阿嬤。

同時，我心中忽然也對自己的過去有了一種新的想法。

過去，我曾經認為都是因為我的家人都不爭氣，我才必須要爭氣。所有曾經我不想做的事情，不論是弟弟犯錯的時候我受罰，或是幫阿嬤處理鋪天蓋地的家事，還有放棄了自己想去的美術學校等等，甚至是結婚，都是她們——一個充滿歧視、貧窮的家庭逼得我不得不為之。

但我錯了。那些所謂的「犧牲」，其實都是我自己的選擇。幫阿嬤做事、拿錢回家、放棄美術學校、結婚、拼了命工作……這些事都沒人拿刀子逼著我做，我不應該拿自己的選擇怪罪他人。當我希望別人愛我、重視我的時候，我自己卻沒有先重視自己。我只知道別人希望我成為什麼樣子，我就想盡辦法變成那個樣子，是如此不懂得重視自己的我，給了別人傷害我的權利。

一番大徹大悟之後，我為自己的人生找了一個「說法」：其實是我自己，想要自己這麼堅強、獨立地長大，所以才給了自己的人生這麼大的挑戰。我的人生，是我的選擇，沒有人應該為此負責；我才是應該要為自己負責的那個人。

找到兩種包容自己的方式

在教會裡被「啟蒙」之後，我還在夜市擺攤賣油飯的時候，一直在不斷地思考一個問題：一個人到底要怎麼心疼、包容自己？我想這個問題大概很難有一個全宇宙通用的答案，因為畢竟每個人受傷的程度不一，療程也不會相同。

就在我反覆琢磨這個問題的時候，阿詠忽然出現了，他大搖大擺地來到我的攤位找我。說起話來的樣子好像是白馬王子駕到了一樣。

「這一切全部都是誤會，我們繼續在一起吧。我來跟我家人說妳在夜市擺攤，妳有正當工作了！」

原來，我所經歷的一切在他眼裡只是「他媽的誤會」。

「孩子拿掉了是事實，沒有什麼是誤會。你給我走。」

那個時候我已經從以前的自己蛻變成另一個人了。我的口氣非常冷靜，內心沒有半點情緒波動。我已經明白，真心疼惜我的人不會傷害我。這是我在教會學到了一件事：一個發自內心要為我好的人，不會去傷害我的身體與心靈。

阿詠只是一個自私的人，他並不愛我，只是想把我變成一個「屬於」他的東西而已。

那天晚上，他意氣風發地來，最後垂頭喪氣地走了。

∞

回家之後，我找到了兩種包容我自己的方式。

第一種：瘋狂地大哭一場。

我關在房裡沒命地哭。教會的教友對神的讚嘆有多大聲，我就哭得多大聲。同時也小小埋怨了自己一下——妳真傻，以前為什麼要一直讓自己受傷。

第二種：哭完之後，開始思考該如何彌補。

我捫心自問，這些年來自己到底缺欠了什麼，我到底喜歡什麼？我不要再像以前那樣，妄想能假借他人的愛情與注意力讓自己獲得虛幻的幸福，我要用我自己的力量去改變自己的生活；我要愛我自己。

我最後決定的彌補，就是回pub唱歌賺錢。

19

重新當歌手

我發現，之前我是因為畏懼他人的眼光才辭去在pub的工作。或是說，我是為了阿詠的媽媽辭去的，但那不是我真正的決定。真正的我喜歡唱歌，真正的我一直希望能圓媽媽的歌手夢。小時候跟家人一起唱歌的快樂時光，一直對我來說都是非常重要的回憶。同時，我發現我需要唱歌能為我帶來的薪水，這樣我才能負擔家用、讓兒子上全美語學校，也讓自己去上更多課，充實自己的內在。

自從學了AutoCAD跟整體造型之後，才發現坊間大部分的課程都是萬元起跳。我當時每個月繳完所有開銷之後就連五千塊都拿不出來，幾乎不可能進修。但這不是我想要的，我想要充實自己。我絕對不要為了一個根本不在乎我的人而放棄賺錢、學習的機會。我做什麼工作，跟任何人沒有半點關係。

就這樣，我回去pub上班了。以前的同事多少都還在，看到我回來也沒有多說什麼。在這裡大家都忙著照顧自己，顧自己的形象，沒有人會多問一句我去了哪裡，又為什麼回來，每個人都有各自要處理的重擔。剛好我也沒有心情聊天，不用跟大家解釋什麼，反而落得輕鬆。我就唱歌、賺錢，過我的日子。

如何當個好歌手

小時候唱歌，是因為開心，是因為想要得到大人的稱讚，成為歌手後唱歌，是要想辦法唱好聽，是為了要獲得工作上的成就。

唱歌要能唱得讓聽眾滿意，對我來說我的習慣就是先打招呼，在唱歌之前先跟台下的人寒暄聊天。生意好的時候舞台下會有十幾二十名客人，少的時候則是四、五個。有些客人的反應很熱烈，會急著舉手說：「我！我！我！」，有些客人則是坐在旁邊默默地聽。

我都是隨機找人聊天，可能會跟他聊工作、聊家庭，當我們聊到不如意的事的時候，我就依據我的判斷，選一首歌唱給他聽，或是開放點歌，讓客人選擇想聽的歌。久而久之，跟客人混熟了之後，也會跟他們開個玩笑，譬如說警告他們今天不要從西裝筆挺的人變成猴子。很多時候，在十個裡面總是會有一兩個客人喝多了就會開始發酒瘋，就像之前提到甚至有人瘋到會把自己扒個精光。

從我最初當歌手開始，我就會在唱歌中場休息的時候到舞台旁邊找一個位置坐下。這是我跟客人認真對話的時間，不是硬性規定，是我自願。不是所有歌手都願意這麼做，大多數人會選擇躲進休息室裡，畢竟跟客人聊天又不會賺錢，幹嘛花那個時間，都已經唱完歌那麼累了。

然而我因為坐在那邊，跟（聽）客人說話，才發現一件奇妙的事，大概有八成的客人不只是為了聽我唱歌而來，他們更想來找我聊天。我不知道這個風氣是如何養成的，但總之會注意到我的客人就是會來找我講話。

還好我會唱歌

會來pub聽歌，找我聊天的人，自然都是酒客，卻沒有人會逼我喝酒，因為他們知道我開車上班，不會這麼無禮。但這種好運就不會出現在陪酒的小姐身上了，當小姐說：「我也是開車來上班耶。」客人會回：「那妳幹嘛當小姐？人家是歌手靠唱歌，妳是小姐就是靠喝酒！」這也是我見識到的人情冷暖之一。說真的有不少小姐也很會唱歌，唱得也不見得比我差（我休息的那個小時，就是讓小姐跟客人上台唱歌的時間），但工作形式不同就是不同。

因此，時常有小姐會對我說：「妳好好喔，唱歌就好，客人也不會強迫妳。」確實，有的時候我也會慶幸，還好自己是一個會唱歌的人，很多沒有辦法說出口的事，可以利用唱歌說出來。雖然聽的人不見得能聽出來我真正在唱的是什麼，但其實我已經把想說的都說出來了。不知不覺，我宣洩完了，我跟所有人說了我發生什麼事，但沒有人知道。

這種舒壓，通常是透過歌詞的力量完成。同樣一首歌同樣的歌詞，配上當下不同的感受，也可以傳達出不同的氣氛。以我而言，當我很難過的時候去唱一首開心的歌，會沒辦法如實傳達歌曲原有的氣氛，但很專業的歌手卻有辦法在歌曲之間轉換自己的心，唱high歌的時候就有奔放的力量，唱情歌的時候就有深情的悲傷。

沒有這種專業歌手轉換情緒的能力，我大概充其量只能算是個半專業的流浪歌手（之後我開始四處駐唱）。但專業也罷，流浪也罷，我總之盡力把歌唱好，站上舞台，面對台下的人生百態。

我在台上，看見台下的小姐為了賺錢，被客人欺負，被逼酒喝醉。我看見客人帶著客戶來，在客戶面前鞠躬哈腰，等客戶走了之後他又是如何宣洩自己的心情。我還看見一個人如何慢慢從人變成猴子，為什麼他會變成猴子，他又是怎麼放肆。這些都是他們的壓力，人們生活的壓力，我在舞台上看得非常清楚。

看著看著，我就感受到了那股「慶幸」。我是真的很幸運，不用鞠躬哈腰、為了幾千塊幾百塊去喝酒喝到死，我只要好好把歌唱好就好了。但也許也是這樣的幸運，讓我在陪酒的同事心中留下了心結也說不定。

拋頭露面的好處

在我歌手生涯的後期，大多數時間都在piano bar駐唱。我常去的幾間都座落在五星級飯店裡面，它們的裝潢擺設都非常大氣、正派，有種鬼怪不容的魄力。有的時候在這樣的場地裡面唱歌，不免也會想到早期駐唱的pub，只覺得雍容跟土豪真的只有一線之隔。

每一家piano bar的預算不同，預算多的場合我唱歌時會有一名琴師，少的場合就放卡拉帶，或者是整晚只有琴師會到場彈琴，不唱歌。一般來說在舞台的前方會有一個玻璃缸，是讓客人投小費用的。只不過大概從五、六年前開始，玻璃缸都是擺好看用的，也許是經濟不景氣的緣故，願意給小費的人越來越少——在疫情期間就連願意來的人都沒有了，許多場地都因此關門休息。

這時的我，已經找到了新的一種唱歌的層次，我開始透過歌聲唱出我的故事跟心情，那跟快樂無關，也跟工作無關，我唱的不是歌，而是一種心情的宣洩。當自己有心事不能說，有情緒累積在心底，這種時候唱起歌來用的都不是唱歌「技巧」，而是「真性情」。有的時候，我唱著唱著，眼淚會不由自主地流下來。甚至也有一些觀眾會跟著我一起落淚，很奇妙。

拋頭露面的代價

當歌手的薪水高、小費多（好的時候小費會比當天的薪水還多），收到的禮物從花、首飾、戒指、現金等等應有盡有。聽起來這麼好康的待遇——工作本身又是我的夢想——看似我走進了一個完美的結局，但天下永遠沒有白吃的午餐，每一個好處的後面都有它附加的代價。

身為歌手的我經常得熬夜工作，也要學著提防粉絲的騷擾。一個人站上了舞台，一方面既是眾人的焦點所在，一方面也可以是被糾纏的對象。後來在台北唱久了，我自然累積了一些粉絲，有的會照三餐送花、食物給我，也有的會每天展開「關心轟炸」，早餐吃了嗎？午餐吃了嗎？晚餐吃了嗎？……

想一想人生確實是很諷刺的。我花費了這麼大的心力，爬到了我一直冀望的地位，完成了我媽媽的夢想，同時卻又開始懷念，那個出門可以大搖大擺，隨便吃路邊攤、衣服亂穿、走路外八、不怕被路人認出來的日子……人啊，要活得兩全其美真是很難。

20 指引幸運的賭徒

唱歌工作閒暇之餘，為了殺時間（也為了驅趕過於寧靜的氣氛），有一天我試用了wechat的特別功能「搖一搖」，隨機找到一名網友聊天。他是一名香港人，頭像看起來高高瘦瘦的。我想不起他的ID名稱是什麼，倒是對他的廣東國語印象非常深，因為我跟他聯絡時都是用語音通話的關係。

「雷是做什麼工作啊？」（「雷」是「你」，請自行帶入香港口音）

「我唱歌啊。剛忙完現在在休息。你呢？」

「我是賭徒啊。賭徒。」

我在心中喊了一聲哇。

「賭徒」這兩個字對我來說是負面詞彙，因為我爸一早就把我們家給賭輸了。而我大弟也以他為榜樣，賭光了媽媽留下來的房產。我直話直說，把我家的過往，還有我對賭徒的刻板印象對這個香港人說了出來。跟遙遠又陌生的人聊天的好處就是不用有壓力，不用藏秘密。

「沒關係，我們就聊天，當個朋友啊。雷知道我們賭徒有分兩種賭徒嗎？一種是亂賭的，那只是娛樂啊。」

「賭徒不就是賭徒嗎？還有分什麼？」

「有啊，雷有看過電影賭神嗎？」

「那只是電影。」

「沒有，他們是真的職業賭徒，職業的！」

「那算什麼職業，職業的又沒辦法保證一定會贏。」

「雷有聽過吸引力法則嗎？」

「沒有。」

「心想事成雷有聽過吧？」

「心想事成只是一種傳說。」

「沒有，小妹妹，它真的存在握。」

這名「職業」的賭徒，最後傳了一個YouTube上的影片給我看。那幾年大概是《吸引力法》最紅的時候，只是我還對此一無所知。

「雷先不要有任何的想法，先把它看完，我再告訴雷。雷就當作在欣賞一部影片。看完了之後告訴我啊，記得不可以有任何的想法喔。」

我半信半疑地把影片看完了，也確實照著他所說的，讓自己的腦袋保持一片空白。

「看完了。」

「看完了喔。雷先先聽我講完我的故事。我先分享我的故事給雷聽，雷再去想雷要想的事。」

我聽不懂他在說什麼。這個人要講他的故事，跟我自己要想的事有什麼關係。我開始在心中碎念，不想理會這個奇怪的人。但接下來這個香港人告訴我，他每天上船賭博之前，都會先冥想。他會透過冥想給自己一個目標，今天要賭贏多少錢，贏到多少錢就下船。一旦他決定好了，他那天就會贏到那個數目，然後乖乖下船。即便有幾次他想試試看能不能多贏一點，卻沒辦法超過當天上船前就決定好的數目。

他說這就是他的生活，老老實實冥想、上船、賭博、下船，過著每一天。

「拜託那都是運氣好不好，那有那麼利害！你不是靠運氣就是出千！」

「拜託，要是我出千，我就贏多一點，我贏那麼一點下船幹嘛？小妹妹，雷可以不相信我，沒關係。但雷可以試試看啊，試試看又沒關係。反正雷現在工作正在休息，又沒事做。」

我帶著狐疑，口頭承諾他自己有空會試試看，但後來其實什麼都沒做。

起床的時候先做兩件事

一直到有一陣子我唱歌的業績特別不好，得到的薪水與小費越來越少，甚至班都變少了。排不到工作的時候，我就會跟這位香港人聊天。

「今天又去賭了喔。你今天賭了多少啊？」

「差不多啦。雷今天收了多少小費啊？」

我告訴他，這一陣子不太順利，小費收得比較少，直接來找我聽歌的人也少。尤其是那個月的收入幾乎盪到了谷底。

「我是不是哪裡做得不好了，才沒有人要來聽我唱歌。」

「不是握，雷要相信自己，雷很好，雷沒有不好。雷一定起床都覺得自己不好，一定很擔心每天上班都賺不到錢，不可以有這樣的想法握。」

「真的耶，你怎麼知道??」

「當然是這樣，雷這樣當然會不好。雷要不要試試看我的方法，試試看嘛，真的，它不會害雷。雷會用的話，一定會喜歡上它。反正雷不吃虧嘛，又沒有要雷什麼，或許還會對雷有幫助也說不定啊。」

雖然很囉唆，但我還是被這個賭徒說服了。隔天上班之前，我照著他的說法，試著做了兩件事。

「雷喔，起床的時候先做兩件事。」

「什麼事啊，起床就起床還要幹嘛。」

「第一個呢，刷牙洗臉完之後，跟鏡子裡的自己說早安，告訴自己，雷今天很棒，早安自己，今天我們要去工作囉。第二個呢，給自己一個目標，今天要賺多少錢回家。沒有任何的猶豫，不能有疑問，要肯定句，要肯定自己。」

我問他，所謂的「肯定句」是什麼？

「例如說，我今天要去賭錢，我賭錢之前，我會說今天要贏多少人民幣回家。假如我說兩百塊人民幣，我就一定會贏到兩百塊。但要記得，剛開始的野心不能太大，身體的能量沒辦法一下承受太大的野心。雷一開始只有一分力，不能馬上就想要拿十分的成果。一分一分拿，拿到了一百分，再拿一百零一分。長遠的野心可以很大，但不能貪，不要貪快，要慢慢加乘。有幾成把握，做幾成事。千萬不要去想，今天一下就要贏一百萬，那是不可能的事啊。不是不可能贏一百萬，但是首先雷要贏到十萬，慢慢贏上去，才會有一百萬啊。雷要先知道怎麼贏小錢，等抓住讓自己贏的機會之後，才有辦法贏得大錢，然後才能贏得到雷想要的一切……」

這些事情說起來，也許有一些人會認為是天馬行空的東西，但以我後來的經驗來看，這個香港賭徒所說的事情確實存在。

注意：不要更改目標

在這之後，每一天香港賭徒都會跟我分享他用吸引力法則做了什麼事，或是我反過來跟他說我做了什麼，互相交流。說也奇怪，從我開始照著賭徒的方法冥想，每天跟自己問候、擬定目標之後，慢慢地我每天賺錢從一天一千變三千、變五千、變一萬……

後來，他還告訴我這個法則不單是用在賺錢上面，用在家庭或感情上也可以，無所不包。

「雷現在大概知道法則是什麼握。」

「對啊。」

「辣，雷現在拿一張紙，寫出雷以後的對象的條件是什麼。還有雷要多少錢的房子，雷要開什麼樣子的車，雷要幾個小孩，通通寫出來。寫出來之後就不要再動它了。它就是雷的目標。雷不可以去更改目標，如果途中更改了，之前的努力就白費了。除非雷之後的目標設得更高。要記得積沙成塔啊，這跟錢也是一樣的——想當億萬富翁的人，如果連十萬都沒贏到，要怎麼去贏億呢？」

「那你怎麼沒把當億萬富翁設定成你的目標呢??」

「可是，我的目標，就是每天吃飽飯就好談。」

聽到這裡，我不禁愣了一下。一個整天囉哩八唆教人要有目標、野心的人，居然反而懷著非常樸實的願望。

「每天吃飽穿暖，錢夠用，心裡就富足了，只需要平安過一生，這就是我的目標。每個人的目標不同，運用法則的事實就不同。但是只要能夠達到目標，就是一樣的事情，就完成了法則這件事。只是在達成目標之間經歷了什麼，就是雷的選擇，但目標不要改變啊。目標能堅持下去的人很少，堅持目標，才能得到自己的東西。人的堅持很重要握……誒小妹妹，我跟雷說，我喔，wechat我要換掉了。」

「你幹嘛要換，那就給我新的啊。」

「我教雷的教得差不多握，我沒有東西可以教雷了握。接下來就靠自己去努力了。有幾成把握，做幾成事。記得啊，千萬不要去想一次就要贏一百萬，記得要慢慢贏上去……啊不說啦不說啦，我要走啦……」

我跟這個話癆、神奇的香港人掛完電話後，從此再也沒有聯絡上，但他的開導讓我受益至今。

21

進入外拍模特兒的世界

自從我願意使用法則之後，指名要來聽我唱歌的人變多了、小費變多了，甚至還有客人會特地打電話到店裡問我在不在。我不敢說自己是店裡最重要的歌手，但至少滿受歡迎的。

接下來，就是另一件人怕出名豬怕肥的實證。這麼多年下來我也終於發現了，每當我工作表現開始凸出的時候就會變成有心人士的箭靶。當然，也許被同事污名化、背叛跟我業績出色無關，而是對方純粹討厭我而已。無論如何，還好我對這種事已經無感了。被人抹黑還正好合了我的意，因為我一直在盤算什麼時候要離開這個豬哥滿場飛，動不動就有人把我當酒店小姐，要我去陪他們喝酒的鬼地方。

讓自己有能力上課，充實自己，是我回來pub工作的一大原因。為了能有更好的發展，我在pub當歌手的期間沒有停止進修。剛開始回來歌場的時候我還十足是個大媽樣，雖有歌喉，但外表看起來胖嘟嘟的，有賣點但沒賣相。直到遇到那個賭徒教我要肯定自己之後，我決心要把各種技能點滿。不只內在美，外在美我也要。

我開始跑健身房，每天花一個小時上課做有氧、瑜伽、鋼管、芭蕾、重訓、空中瑜伽……一口氣半年下來瘦了二十公斤，健壯程度誇張到最後健身房的員工還問我要不要去他們那邊當教練，可惜我志在他方。一直以來我都有種想幫媽媽圓夢的心情，完成她生前想做的事——當個演藝人員。同時，我也有我的虛榮，想做一種拋頭露面，說出來會讓人覺得與眾不同、多采多姿的工作。我默默在心中想像自己可以成為一個外拍模特兒。

然後，機會來了。

準備被抹黑

「誒我覺得妳穿的衣服很不錯喔，不如妳來幫店裡的小姐挑衣服。」

那天因為老闆娘天外飛來的一句，我忽然成了店內的禮服採購。剛好我因為朋友的關係確實有認識相關的廠商，便爽快地接下了這項任務，想說不過是個舉手之勞。

接下被老闆娘賦予的工作後，我開始幫忙聯繫廠商、拿衣服，還把費用都先墊了。奇怪的是，在價目表上我明明把每件禮服的金額寫得一清二楚，但店裡接洽衣服的Amy不知道從哪開了天眼，硬說我從白紙黑字的金額中賺了一手。

這麼一來，一陣唇槍舌劍在所難免。但令人無言的是，那些本來平日跟我表示友好的小姐居然在聽完Amy的話之後也紛紛板起面孔，把我當成偷油水的黑心人。明明當初我是當著她們所有人的面打電話詢了價，偏偏她們就是不聽真話只愛謠言。我把這件事跟老闆娘反應，但也只得到她回我一句：「這種場所就是這樣，妳忍耐一下，聽聽就好。」

聽見這樣的評語，我也只好以「今天哪怕我淪落到街上做乞丐，也不會再踏進妳的店裡一步！」為台詞做收尾。

黑得剛剛好

幸運的是，在這個風波之後——也許是我瘦身有成吧——有一天有人在臉書上敲我，問我要不要跟他一起累積攝影作品，由他來掌鏡，我當模特兒。這無非是我圓夢的機會。我立刻辭去工作，答應了這個邀約北上，開始在桃園、台北兩地通勤的生活。

只不過，當模特兒就跟世界上任何其他的事一樣，起頭最難。我跟攝影師拍的第一套作品真是菜到慘不忍睹。

外拍經驗值零的我，一開始還跟攝影師有模有樣地開了一次線上會議。當時我們絞盡腦汁的結論，是要拍一個「穿比基尼的辣妹在海邊」的系列照。這個結論雖然聽起來沒什麼深度，但不是絕對不行，只是我們當時對這門學問的技術與認知實在少到慘不忍睹。

拍完之後，我只覺得自己看起來菜到可以煮湯——肢體不協調、表情僵硬，整個人看起來像是被電腦合成出來的。一系列的照片看下來，感覺還不如路人自拍的照片。要等到很久之後，當我累積了足夠的經驗後才明白，一個真正厲害的模特兒可以不需要任何前提，光靠身上的一套「衣服」就能入戲。

話說回來，雖然第一次外拍我就被自己的菜量壓垮了，但整件事藏有一顆彩蛋，對我長遠的發展產生了正面影響。

拍攝當天，那位攝影師的朋友也有到場，他是在演藝界工作的經紀人。拍攝結束後他找我談了一下，我們就簽約了。多虧了他，我才不至於一直啃老本度日。後來也是他幫我跟好幾間台北的piano bar牽了線，還介紹了許多外拍工作給我。

在這位經紀人的安排之下，我開始參加直播，還到華視接受唱歌課、儀態課，做各式各樣的訓練。同時間我也繼續潛心研究攝影的技術，用放大鏡檢視自己的每張作品，試圖找出缺點在哪，或在房間裡照鏡子練習擺姿勢，找出適合展現自己的方法。

外拍界的「怪物」

在圈內混久了，就會發現不是每個模特兒都願意花時間磨基本功，有的人仗著自己臉蛋漂亮，認為自己的照片一定完美，沒有研究的必要，但這種人遲早會被淘汰，畢竟人會老，不可能用年輕做本錢吃一輩子。至於攝影師，雖然我不真的懂他們的專業技術，但拍久了我也看得出來，好的攝影師就是懂構圖，爛的攝影師你會以為他是在拍遺照。

在我漸漸累積了一些專業與人脈，越來越深入這個行業之後，我發現這個名為「外拍界」的洞穴裡其實住著不少「怪物」。

在外拍界的工作通常分「通告」與「私接」兩種，前者是經濟公司直接指派給模特兒的外拍案，通常費用會比較低一點，畢竟公司生存得抽成。然而跑通告的攝影師普遍來說素質比較高，這會讓拍攝過程比較「安全」。

通告的相反——所謂的私接，就是指模特兒沒有透過經紀公司，自己私底下接的案子。私接的案子薪水相對比較高，但羊毛出在羊身上，只要有好處就會有代價。像我就有朋友曾在私接時被攝影師強姦，後來她就淡出這個圈子了。

性侵犯、豬哥、變態，各種亂七八糟的攝影師在外拍界其實層出不窮；為了自保，模特兒之間有流傳著一張攝影師的「黑名單」，幫助彼此避開地雷。

拿我自己的踩雷的經驗來說，比較初級的是遇到露鳥俠——這種人攝影時最愛穿短褲，裏面內褲沒穿，蹲著拍攝的時候就直接把傢伙露出來。比露鳥俠更進階一點的是神槍手——這種人會直接對著模特兒把手伸到自己褲子裡打手槍，噁心至極。

除了這種比較「文靜」的攝影師，也有會主動偷親偷摸，或強硬要求模特兒擴大拍攝尺度的人。更腦殘的是曾經有某位知名攝影師硬是在圈內宣告我是她的女朋友，要求所有想跟我外拍的攝影師都要經過他的許可才能進行。搞到最後我不得不在網路群組上發文表明自己是單身，不希望有人打著「男朋友」的名義來阻礙我工作。

另一方面，經紀公司指派的通告雖然比較沒有人身安全的顧慮，但也有它辛苦的地方。因為外拍是個高度審美的工作，攝影師與模特兒之間難免會互相比較，很多時候攝影師會比較彼此的模特兒誰比較胖、表情或肢體僵不僵硬、長得好不好看，這些批評他們會毫不留情面地當成是一種娛樂消遣掛在嘴邊，被他們針對的模特兒要不是忍氣吞聲，要不就是卑躬屈膝地陪笑。

哪怕妳只是多了別人半公斤，也有可能成為攝影師「美學」的犧牲者；逼得大家不得不努力維持身材。

自嘲技能：解鎖

雖然業界裡不少自視甚高，說起話來酸言酸語的大牌攝影師，但也有為人和氣、幽默的低調攝影師一群人。我跟著他們一起工作不只流程順暢、安全，也從他們身上感染到一個對我來說很陌生，但很重要的特質：自嘲。

這些和氣的攝影師不會有誰每次都要搶著做拍攝主導，團隊裡的每個人都會輪流當老大。每次輪到誰主攝的時候，那個人總是會笑著說些「我不是主攝，我是來扶燈的」、「華哥比較棒」、「倫哥比較棒」或是「我是來領便當的」諸如此類讓自己退下主位的台詞。

一直以來，我所處的工作場域都是一個力求表現，人人強出頭的環境。第一次我從這些攝影師身上學到，原來不強出頭，把自己扮成丑角，其實會營造一種很溫馨、讓工作順利的氣氛。久而久之，我也學會了跟他們來一句：「不要爭了，我是來負責笑的。」

學會自嘲，這不只對我的工作，還有人生都有很大的幫助。

22 定下四十歲退休的目標

自從認識那位香港賭徒之後，我就把「設定目標」這件事，變成了我生命中的一個重要習慣。

剛離開桃園來到台北的時候，我就幫自己預估了前三個月的所得金額。譬如說我的目標是一個月要賺四萬塊，我就會把四萬除以三十，這樣我就知道自己一天該賺到多少錢。頭一個月我估得比較保守，因為我完全不知道自己可以有多少賺錢的機會，同時又會產生多少開銷。

到了第二、三個月後，設定目標的數字會越來越精準，這個時候開始就必須要有所堅持，一天沒有賺到目標所需的錢的話絕不回家。這樣逼迫自己，有時候難免會累到哭出來，但唯有如此堅持才有可能達成目標。

不過，我開始有更大的規劃，是二〇一五年那次去美國表演受到的啟發。

在我重回pub唱歌的幾年之後，很幸運地，我有機會在疫情之前，二〇一五年的時候因為朋友的介紹到了美國，在ＬＡ賭城裡面的秀場駐唱。在美國的表演每一場都幾乎有一兩百人，台下有亞洲來的賭客也有美國當地或西方的賭客。有趣的是，通常亞洲的客人都不太仔細聽歌，因為我唱的都是華語，他們都聽得懂，因此不太在意。只有西方人會非常認真聽歌，華文歌曲對他們來說非常特別。

此外，就連我們的長相，對美國當地人來說也很稀奇。賭場的保全總是會把我們當成小朋友，在進賭場之前都要再三檢查我們的證件。當我表示自己將近四十歲的時候把他們都嚇壞了。

話說回來，用「真性情」唱歌，本來在台灣是一種情緒宣洩；但到了美國，就變成了一件很好笑、很有趣的事。

在台灣唱歌，通常是我表演給客人看，因為台灣的觀眾反應很小，甚至有的時候根本看不出來他對我的表演是滿不滿意，於是我只好單方面抒發。但在美國唱歌，台下的人會表演給我看，他們會對歌手的表演展現出很大的回饋，反應會非常很明顯——當台灣人／亞洲人喝采說「喔～～」的時候，美國人／西方人則是會大叫「哇!!」非常地戲劇性。

還記得那時在賭場裡，我唱了一首富有感情又需要運用技巧飆高音的歌，唱是唱上去了，台下的觀眾卻完全沒有露出陶醉於深情的表情（也是因為不懂中文歌詞），反而是露出非常興奮的樣子張嘴大叫（外國人似乎不用喝酒就可以變成猴子）。這時不管我唱得多麼深情，看到他們的反應就是會笑場。

因此，我到美國的時候沒有流浪到外地的疲憊，反而認為在那邊唱歌很有趣，好玩。外國人不熟悉我們黃種人的面貌、生活型態與習慣，我們也不懂他們的，就彼此看彼此，像是在看稀有動物奇觀。

而且，在那邊唱歌一小時算一百塊美金，一個場次唱下來小費一定會超過一千美金——台灣的小費一個晚上不知道有沒有一千塊。同樣的工作，在美國唱三到四個小時就可以了，在台灣唱到五六個小時，錢也沒有比較多。

看了一輩子的電視，美國德州郊區就跟戲裡演的一樣清閒，寬敞的道路上只有幾輛車悠閒地停在路邊，樹比車多，比房屋高大。樹木隨風搖曳，撒下樹影，四周陽光充足，頭上大把藍天。

聖誕節就要到了，幾乎每一戶人家都在自家門前擺出了應景的裝飾：雪人偶、被動物圍繞的聖子像、糖果拐杖排成的步道、五芒星與棒棒糖燈飾……在歌手的宿舍門口前方的樹上有座鞦韆繫，我坐在上面，看著眼前的一切，思索自己的未來。

跟台灣比起來，美國的駐唱工作輕鬆多了。在這邊工時短、薪水高，每天還有零用金可以領。當然，我心裡知道生活不可能天天如此，最後我總是得回到台灣，面對週週爆滿的工作，忙到有的時候得躲進廁所裡偷哭。下班後要照顧我的家庭，阿嬤、兒子……

包持著徬徨的心，對未來展開一陣思索之後，我忽然對自己的工作有了一種新的覺悟：作為一名模特兒、駐唱歌手，就跟作為一名運動員差不多，得靠年紀吃飯。

在演藝界，一名表演者到了三十幾歲就算是老人了。人都喜歡看新鮮、充滿活力的東西，這是無可奈何的事。一個老妹模特兒，要是沒有特別專業跟積蓄的話，最後要不只能當小三，要不就嫁入豪門。但據我所知，要成為大戶人家的媳婦通常都是天方夜譚。我不可能當小三，所以以我的條件，很有可能是回半導體工廠工作。

漂泊了這麼多年，我當然會渴望安定的未來。我想要能自己做主，不要動不動就得看人眼色，被攝影師、觀眾評頭論足。為自己的身材、表現感到焦慮，或是被變態性騷擾。

於是，在美國出差的那段期間，我在心中設立了一個終極目標，然後又把終極目標細分成兩個小目標。這兩個小目標是：一，開一家餐廳。二，買房。

而我的終極目標就是，要在四十歲之前退休。

23 我是廚師，我開餐廳

因為之前已經有過夜市擺攤的經驗，我開店選擇開餐廳，重操舊業賣油飯。會開餐廳的原因，是我自己就是廚師。而我會當上廚師，基本是誤打誤撞發生的。我手上有丙級的證照，今年也準備參加乙級的考試，然而為了考試學習廚藝，只是一種拿證照的sop而已。我真正學習如何煮菜這件事，是從我第一任婚姻的時候開始。

雖然從小我就會幫阿嬤煮菜，但那個時候都只算是亂煮，煮一煮大家能吃飽就好了，對味道沒有什麼講究，直到結婚才跟第一任婆婆學煮十菜一湯。但從小時候開始，我就知道煮菜的時候會用到「繪畫味道」的能力；別人試味道是用味覺試出來的，我則是「畫」出來的。

「繪畫味道」，就是當你給我一個圖片，我就會在腦海中想像這道菜，加了什麼調味料，然後把它試做出來。我不是先用吃的，才知道它是什麼味道。

我第一次發現自己有這種能力／習慣，是我國小五六年級的時候。那時我在阿嬤旁邊看她煎魚，看著她接連放了什麼調味料，那個景象就讓我的味覺產生了味道的想像，並且還會開始在心中評論阿嬤的手藝，認為她鹽放那麼多，魚一定會很鹹，或是那樣看起來好像少放了一點什麼味道，或是我聞到了魚腥味，我就會開始想像要怎麼解決那個臭味。這一切感受，都是我用眼睛看見，而不是吃出來的。

「繪畫味道」的能力

我第一任婆婆是馬祖人，她教我煮馬祖菜，講一遍、做一遍給我看，我只吃一次、聽一次，就學會了。後來交給我做的時候，我就會試著改變菜色的味道，一樣是用「繪畫味道」的方式，把某些不喜歡的調味料拿掉。譬如說糖醋魚，醋要加多少，要酸一點，還是甜一點，我會先「想像」那個比例，而不是一開始就動手調。

到現在，我自己雖然開了餐廳，但在店裡試菜我是不試味道的，試吃的工作都是交給店裡的妹妹做。她們煮菜、出餐，她們要用味覺試菜，而我負責看她們放的調味料比例，用眼睛「試菜」。這個道理其實有點類似我們說到檸檬的時候，口中就會有酸的感覺，產生唾液。我用看的，就可以在口中嚐到我看見的味道。

我們餐廳作油飯，作油飯會需要醬汁，所以有準備鹽度計。但我一開始調配醬汁的時候沒有測過。我是吃完醬汁後直接告訴員工店裡的油飯鹹度要十三度到十五度之間。我沒有用鹽度計，但我知道我的鹽度是十三度。員工一開始都不信，把我調的醬汁拿去測量之後發現真的是十三，沒有誤差。

菜的「靈魂」

不試菜，但有的時候我會看食譜，這對我來說是一件相對方便的事。我不用想像味道是什麼，只要照著sop動作就好。但同樣一套sop，每個人做出來的味道還是不會一樣，因為每個人掌握火侯、鍋子的溫度不同，翻炒菜的動作不同，跟食物、鍋子、蔬菜培養感情的方法不同，做出來的味道就不會相同。用心去把菜炒出來，跟只是照著流程把菜炒出來，結果是不會一樣的。這就是小當家裡面說的，做菜要注入「靈魂」。

除了做菜要注入「靈魂」，我看食譜做菜的時候，會跳躍性地改變食譜的sop，A步驟我先做，但接著做C，最後才做B。我的員工則都會照食譜的步驟做，最後兩者的成果也會因此有所不同。改變食譜既定的步驟，一方面是我運用繪畫味道的能力，一方面也是我有思考、排列食譜的邏輯。這其實跟做頭髮的道理也不無關係，要怎麼把一根頭髮變成一大束，要怎麼排列組合各種可能性；煮菜也是如此，煮菜的人邏輯要非常清晰，要知道在什麼時候可以做什麼事，可以加入什麼味道，什麼火侯配什麼菜，這是sop不會說的。

一個人用心的程度，最後一定會呈現在他的對象上。這個道理不只在美髮跟做菜的時候說得通，其實在人跟人溝通的時候也是一樣。你對一個人用心的程度到哪裡，你願意抽絲剝繭的程度到哪裡，最後對方都會感受到。不管是跟任何人聊天，在過程中一定可以感覺到對方的情緒，可以觀察他對各種關鍵字的反應，情緒變大或變小，就可以思考這個人或許是什麼人格。

運用這樣的「想像力」去聊天，就可以想像自己「或許」該怎麼跟他說話，引導他說出他自己的東西。這大概算是「繪畫溝通」吧。跟「繪畫味道」一樣，需要用心想像。

∞

言歸正傳，從小用「繪畫味道」的能力學做菜，再跟第一任婆婆學習廚藝

（等於是學煮外國菜，馬祖菜），到現在我調配店裡的油飯醬汁，都是我用她們教我的味道，我在外面學的味道調出來的，屬於我自己的味道。至於考廚師證照，則是學流程、學sop。比起把菜真正做好，這些相對來說是簡單的事情。

但即使是考試的sop，我也會改變它的順序，讓做菜的速度變快。至於味道上會不會有差別，或是順序對不對，那不是考官要測試的事。要考到廚師證照，他們看的是考生做出來的菜色是不是跟他們提供的照片看起來一樣，不會介入你做菜的過程。只要菜色長相一樣，中間的步驟都有確實做到就好了。味道跟順序他們不管。

然而，雖然考官讓考生有烹調跟調味的自由，卻很看重前置作業，這是他們計分的重點。刀功、洗菜、準備乾貨，最後再準備海鮮（不然砧板跟刀上會有腥味），這種順序是不能更改的。當考生把配菜準備好之後，考官才會放手讓大家自由發揮。

我自己當白富美

餐廳大概是前年開的，在疫情期間。好在我存了足夠的錢可以燒，餐廳才開得下去。之所以選擇在疫情期間開餐廳，是因為我沒得「選擇」。我開餐廳是因為我想要有更自由的工作時間（當歌手的話還是得被綁在公司裡面），這樣我才能照顧阿嬤。阿嬤的身體這幾年狀況不太好，我想盡可能多陪陪她。

當時我在家附近騎車繞，找到了一間店面，談妥了之後便簽約了。店面的平面設計圖是我自己用AutoCAD畫的，幫我裝潢的師傅則是外拍認識的攝影師（殊不知裝潢才是他的正職）。為了顧及現代人的健康，我花了很多時間繼續改良阿嬤的油飯。湊巧的是，這時我的乾妹怡靜剛好從原本的工作離職，我問她願不願意來幫忙，她立刻答應了。

之前的在夜市擺攤的時候做什麼都親力親為，不懂得運用人才，現在有了怡靜幫忙，我可以把對的人放在對的地方，這樣當老闆對我來說就相對輕鬆了，可以把店交給她照顧。

店開了，我們一邊營業一邊試口味。雖然這樣使得很多客人給了我們很嚴厲的評論（一顆星吃到飽），但我相信有批評才會有進步。我們的飯要賣給別人吃，總要聽別人的意見，不然自己心中再怎麼覺得好吃的口味，研發到最後也外可能只是閉門造車。

在策劃要自己當老闆的時候，開一家店除了是生存手段、方便照顧阿嬤的方法、圓媽媽的夢之外，還有一個很重要的事，就是我希望這家店能幫助跟我一樣，在社會上遭受歧視的弱勢女性。

我走過那條辛苦的路。當我沒有體面的工作、沒有經濟基礎的時候，曾因為自己是單親媽媽身份遭他人白眼，還被阿詠家人百般冷嘲熱諷，這恥辱我永生難忘。

每次一想到阿詠爸媽瞧不起人的態度，我就告訴自己富二代沒什麼了不起的，我要自己當富一代；我不需要高富帥，我自己就是白富美。我還要開一間店，為所有弱勢者打造一個避風港。

單親或雙親、家境不好的、沒錢讓小孩上課的，都歡迎來我店裡，看是要工作或是只是想吃飯都可以。我窮過，也苦過，雖然曾經遇過充滿惡意的人，但我也被好心人救過。我在江湖裡打滾，被社會養大，當我有能力的時候，我希望能貢獻一份自己的力量，給社會上需要幫助的人。

雖然有的時候，我也還是會覺得生命很累，會懷疑自己，總是在做別人想要我做的事：當一個盡責的孫女、完成媽媽開店的心願、要給別人好看……有的時候我很想躲起來，想放下自己外向的面具，去照顧那個我心中很安靜的自己。但我最後當我不管是在廁所裡哭完了之後、跟阿嬤吵完架之後，我依然會站起來，咬緊牙關繼續工作，來應付五花八門的挑戰。

面對生命我就是努力，也努力成習慣了。那些曾經發生在我身上的不幸，如今都是我自我成就的推手。那些別人加諸在我身上的惡意，我要把它變成能夠幫助社會的愛。

二〇二三年開始疫情趨緩了，我們餐廳的首要任務就是重新找客源。同時我們也還是提供弱勢族群免費的餐點，只要出示證明就可以每天來我們店裡用餐。

∞

另外，說個開餐廳的題外話。

說到底，無關創業求生、照顧家人，也不談如何運用想像力，改變做菜的sop來精進自己的廚藝，「煮菜」這件事，對我來說是代表一個家的溫暖。

我從小煮飯（小學四年級），為的就是讓阿嬤工作回來後有熱騰騰的飯菜可以吃，而不是冷掉的。我第一道煮的是蛋炒飯，是阿嬤教的，也是最簡單的，蛋跟飯還有醬油丟下去就好了。

吃飯這件事，就是家族的凝聚力，沒有家庭不吃飯的。這算不跟家人每天一起吃飯，身為人總會有坐下來跟他人聚餐的時候，這就是吃飯的凝聚力。以男人而言，如果他有一個很會做菜的妻子，很會做菜的媽媽，他一定會想要每天回家吃飯，只要家裡沒有充滿口角跟紛爭的話。

其實不論男女，做菜的能力，是每個人都可以、「須要」學習的。然而現代社會生活如此繁忙，要大家下班回家之後再張羅餐點，實在是一件不容易的事。這種時候也不用因為自己沒辦法做菜而有壓力，就把這個責任交給外面的廚師吧。

一個人今天找到一間好吃的餐廳，他一定會想帶家人，想帶朋友來吃。這也是與人吃飯，這是也凝聚力。不論是聚集友情、親情或是公司團隊聚餐，全都是凝聚。凝聚力，這是做菜對我來說的重點。

至於說如果一個人有餘力可以做菜，願意做菜的話，最累的部分一定是收拾。——有被招待食物的人，請提供自己的力量協助廚師收拾殘局吧——這算是所有願意料理的人，以及有心享受料理的人，給自己的一條底線。

24 買房子和買股票的道理

理財，這個詞就像讀書一樣，再平凡不過的兩個字，人人都懂、人人都講，但不見得人人都會付諸行動。

總之不管你是用「賺」還是「存」，你都應該要先設立目標，這樣才知道自己在為什麼努力，而不是光有一個空泛的理財概念。像我的話，我之所以理財，是為了要買房，照顧我的家人。「買房」是我的目標，為了它，我才開始有理財的動力。

沒發現的幸運

之所以想要買房子，首先，是為了想讓阿嬤開心。

隨著年紀增長，她的身體狀況越來越差。就像我們會為生命中的各種問題尋找解答一樣，阿嬤也為自己的病痛找到了一種說法——都是因為現在住的這間房子讓她運氣不好，才會身體健康一直好不了。哪一天等有錢了一定要搬離這裡，才不會一直生病。

這些話，我都聽進去了。雖然自從療養院出來後我一直說要做自己，但不代表我要捨棄家人。不論阿嬤有時候多麼不可理喻，但她之於我始終有恩情。我被她養大是事實，沒有她就不會有我。走到這裡，我雖然對她的偏心難免還是有情緒，但我的心中對她多了一些理解與包容，並且，還有一種時常使我感動的思考。

自從為了爭取兒子的監護權而開始研究法律之後，我才發現阿嬤實在很傻。其實這麼多年來，她完全沒有養育我們的必要。

在法律上，我們這幾個孫子是她沒有血緣關係的三等親，她大可可以在我媽死後，把她名下的房子變賣現金，逍遙度日。但她顯然沒動過這樣的算盤，甚至，她想都沒想過這件事情。

阿嬤實在很傻，傻到我沒辦法反抗她。而我也慶幸自己發現了她的傻；身為她的孫女，其實是一件幸運的事。

買房的經驗

我其實很早就賣房子賺過錢。

我還在美容院工作的時候，美容院的老闆娘在賣預售屋，她邀請我跟她一起我也答應了。當時那個地區的預售屋只需要一百多萬，她同時找了四、五個人，我只出了五、六萬塊，最後卻也賺到了一百多萬，全部交給了阿嬤。

後來我為了方便自己買房賣房，曾經準備去考地政士，這樣可以查到房子很詳細的資料，有沒有欠稅欠錢，有沒有被銀行、私人借貸。但最後我發現地政士真的不好考，而朋友也提醒我，如果只是要買賣土地，不見得一定要地政士的證照，只要了解政府每年更新的房地產買賣條例就好了。於是我才打消最後考取地政士證照的念頭。這也成了我會有0.5張證照的原因。

我買的第一棟房子，是用我、姊姊、阿嬤工作賺來的錢買的。我是家裡最早出去工作的小孩，打從我小學去加油站工作開始，我的工錢都會交給阿嬤。工作了那麼多年，好不容易買了房子（在夜市擺攤的時候買的），有了一個比較顯著的工作成果，但當時卻沒有特別開心的感覺。因為我們合資買這棟房子，是因為阿公一手打造的舊家要被拆遷，才不得不買的。

第二棟房，是我去年買的，自用。能夠買下這棟房子，須要特別要感謝來聽我唱歌的各個客人。之前說到，在唱歌休息的時候我會跟客人聊天，有一些人跟我聊了幾次之後，會再多給我一些小費，主要是因為他們發現我是一個很顧家的人，這件事情打動了他們。就算「消費能力」沒有那麼強的客人，也會教我經營股票，告訴我一些投資的新聞。這些好心的客人，不管要說是我用溝通培養出來的，或是我花時間認識的，總之助我良多。他們幫助我完成了買房子的這個願望。

對股票小白的建議

聽過各種投資客的經驗分享，再加上以前我也有在銀行上過班，買賣股票賺過錢也學過教訓，所以我到現在靠股票累積的財富，都是屬於緩慢進行的，不炒短線，因為炒短線心臟要夠大顆，還要有足夠的週轉金。我就是把買股票當存錢，既然是存錢，就不會指望一下子可以存得很快很多。

除此之外，以我買股票的經驗來說，我建議所有新手要盡可能地去認識朋友。不同的人，會給你不同的啟發。

一開始我也是股市小白，對市場一無所知。我去了解股市的辦法就是去請教各種人，聆聽前輩的做法。現在股市名嘴那麼多，市面上也有五花八門談論股市的書籍。

每個人對股市的見解，可能都是對的，也可能都是錯的。重要的是，你要自己去接觸、聆聽、判斷，最後找出適合自己的方式。事實上，不論是針對哪一種學問，每一位高手都會有自己的看法，大家的見解都會有可取之處。

以我的立場而言，我建議股市小白最好先找一個穩定的大公司，把買它的股票這件事當做是在存錢，至少這就是我剛開始買股票的方法與動機。既然買股票是存錢，就千萬不要覺得自己會一夜致富。固定地、規律地把自己每個月的所得拿一部份出來，就算只有一點點錢也沒關係，買零股也可以。

同時，一定要尋找對買股票有興趣的同伴，看別人怎麼玩，你跟著他們走，久而久之一定就會找到自己的見解與習慣了。很多事情也是這樣，一但做久了，你就自然而然地會了。

當然，如果聽到自己感興趣、有參考價值的見解，就要把它筆記下來。而且一定要寫得很漂亮才行。最後這點當然是我個人獨特的堅持，之後會再說明。

審視自己，還有自己的目標

不論是買房子還是買股票，當你設立好目標，精算出每天應該要賺或存多少錢之後，難免會有「天啊，這怎麼可能」的時候。

譬如，你設立目標自己四十歲要買房，給自己十年的時間準備五百萬的頭期款，但不管怎麼算，自己的薪水絕無在十年內達成目標的可能，而陷入絕望。這種時候我知道的是：你可以有兩種選擇：

第一，充實自己，尋找更多工作機會：學習。

看到這邊，也許有人會問，沒錢要怎麼學習？那好，首先我們來解決「沒錢」這個問題。

我在健保局上班的期間，一個月領一萬九到兩萬出頭，我拿這些錢來養小孩，付私立幼稚園學費，我怎麼活下來的？我低頭回到我不願回去的家裡，我走出舒適圈，捨去了多餘的奢侈品，免去了不必要的交際應酬。這就是我解決自己「沒錢」的辦法。

我看過很多喊沒錢的人，他們下班後都上哪去？去喝酒，去揮霍，他們選擇把錢花在娛樂上面。這樣過生活可不可以？當然沒問題，不見得每個人都要給自己一個理財目標，人當然可以為了快樂舒壓而活著。但要注意，千萬不要在自己選擇快樂的時候還反過頭去埋怨世界。這個世界上沒有什麼是理所當然的，你有所付出，才會有所收穫。

第二，沒辦法找到機會的話，你可以降低自己的目標：先讓自己走出去。只要換個觀念，凡事就有轉機。五百萬的房子買不起，換成三百萬的房子，它依然是個目標。

如果反過來，一直保持著「我的薪水很少，我永遠買不起房子」這種想法，連開始努力都沒辦法，那最後會真的連一間流動廁所都買不起。重點就是，要設定一個目標，依照現實狀況調整，然後付諸行動。

以上的例子，適合像我一樣主動出擊、接案拿薪水的人，去「賺」目標。如果是領固定薪水的人，可以反過來「存」目標。

假設你想買車，你的固定薪水是四萬元，想要買一台八十萬的車，那就可以把自己的薪水一樣拆成三十天份，算看看每天可以存多少錢，這樣就可以算得出來，自己可能要花多少時間，可以達成買車的目標。

25 把夢想數據化的應用

設定具體的目標、設定完成目標所需的時間、衡量自己的實力、增強自己的實力、修改自己的目標……

這種事用在理財上可行，用在其他的領域也可以一樣有效。只要你能將自己的目標數據化，就能進一步掌握它。而世界上大多數的事情，都是有辦法被數據化的。

譬如說，很多人都很關心、很希望能夠達成的——減重。

減重的實踐

一旦設定了一個理想的體重，給自己一個時限，一個人就能開始計算自己每天所需的卡路里，以及自己的代謝率。如此以來，減重會變成一件很具體、可以掌握的事，你會知道一天該吃多少、動多少。雖然這不像計算薪水那麼方便，但只要有心，一切都不成問題。何況現在網路上有很多熱量表、基礎代謝計算機的網頁，可以幫助我們做到這些事。

我始終謹記香港賭徒跟我說的道理：目標可以很大，但在追求的過程中不要貪心、求快，一步一步照著走，一定會實現。總之，將事物數據化，可以幫助我們釐清自己與目標到底有多少距離，又該如何一步一步靠近它。

總之，將體重目標數據化也好，不要也好，重點是必須要有一個目標。以我當初我剛開始當模特兒的時候為例，我也是為了讓自己拍照起來的體態更好，才花了很多時間健身，還因此考取了C級健身教練證照。我想做不符合人體工學的事，這就是我的目標。要達成這個目標需要靠健身去維持身體的力量才能辦到。於是我一步一步鍛鍊、運動、做瑜伽……最後我可以把身體凹成S形，一次維持三到五分鐘不動給攝影師拍攝。

潛水與人生

除了是C級的健身教練之外，我也是高級潛水師。之所以當上潛水師，跟減重沒什麼太大的關係，而是為了舒壓。這一兩年因為新開餐廳要顧店，比較沒有機會潛水，但之前每一年放假都會去潛水，一年至少會去十次，一次去個三到五天。同常都在台灣、泰國、菲律賓附近。

我會開始潛水，是因為在當歌手的時候認識了一群玩潛水的客人，當時他們覺得我的生活太苦悶了，覺得我生活只有工作跟回家，沒有娛樂，於是邀請我跟他們一起去潛水。

剛學會的第二天，我就被帶去菲律賓潛水，直接下海。那時我還是個菜鳥，而且下海的時候還剛好下大雨，海況不太好，我也沒辦法控制方向，剛下海就被洋流帶著亂捲，被教練帶上船後差點沒把胃都吐到出來。雖然這樣聽起來很辛苦，但我其實覺得很好玩，可能是我的膽子大，比較不會害怕，反而覺得在海裡滾來滾去，被浪打一打滾一滾很舒壓。

舒壓，就是潛水對我來說最大的幫助，在水裡可以看見陸地上看不見的東西，尤其是在海面四十米以下的水裡，可以看見特別漂亮、特別醜、特別大的海洋生物。有時候我看著眼前的怪魚還會覺得牠看起來好像很好吃。有的時候我也會夜潛，去欣賞海底的夜晚，晚上的海跟白天的海是兩個不同的世界。

然後潛水還有一個特別之處，就是可以幫助我很冷靜地思考事情，或是直接讓我放空。對我來說在海裡放空的感覺很難在陸地上辦到，在陸地上我會有很多很多思緒，思考會很複雜，會有各式各樣的刺激。可是在海裡，可能是因為眼前的景色很奇怪、很特別、很漂亮，與平常看見的景色非常不一樣，所以思緒會變得很集中，不會胡思亂想。

本來只是覺得潛水好玩，聽起來很新鮮，但這一玩也就玩出興趣、心得，還有目標了。為了想要看見更深的海，更特別的景色，就得考到進階的潛水證照。初級的潛水證只能下潛海面五米，那裡的景色基本上跟浮潛時看到的其實差不多，進階的則是可以潛到十米至二十米深。

為了舒壓、為了前所未見的景色、為了寧靜，現在我有高級潛水員的證照，可以潛到四十米，再上一階就有資格可以救援了。想一想，從當初去河邊翻大肚魚舒壓，到現在潛水到海裡看大魚舒壓，我似乎沒什麼改變，還是一樣愛玩，但我也真的長大了。

這麼說來潛水其實跟人生很像，一個人若想要看到更多東西，就得具備更多本領。

26 對於愛情的領悟

身而為人，有的時候跟一隻飛蛾相去不遠。我們跟蛾都會被光亮吸引，也常被光所蘊涵的熱度灼傷。

自從被迫引產、上了教堂、對「愛」有了全新的體悟之後，我再一次談了一場戀愛，然而就如同我所經歷過的其他戀愛一樣，它也對我的人生產生了顛覆性的影響。

這麼一想，也許戀愛就是一種人與人交換靈魂的過程也說不定。

那天，我藉由經紀公司的安排到一個地方上歌唱課。老師預計要幫我錄音，以便檢討歌唱技巧。我提早在課程之前到了上課的地點，找了一間咖啡廳進去休息。一個看似平凡無奇的下午，一個愜意的咖啡廳，一個認真進修的女子／單親媽媽，卻被突如其來的一句搭訕給改變了。

迎面，我看見一位斯文白淨的男子走了過來……不是我要故意營造言情小說的氛圍，但回想起來那個場景真的滿像的。

「我可以跟妳做個朋友嗎？我從香港過來，想認識台灣人，想知道可以去哪裡玩。」

這是他的搭訕開場白（這麼說來我跟香港滿有緣的），很無害，但也很無聊。不過我還是答應了他的要求。通常面對搭訕，我有一套sop：先給line，再封鎖。因為外拍、駐唱工作被各種腦粉糾纏之後，我開始有點對搭訕過敏。只不過，這個名叫李立德的男生講起話來很有禮貌，因此我沒有封鎖他，反而開始跟他在網上聊天，最終答應他如果不知道路怎麼走的話，我也可以充當導遊帶他去玩。

然後，事情的發展就是我被告白了，接下了另一杯愛情釀的酒。而且這次是被線上告白，表示時代真的有在進步。

又一個夢中情人？

李立德這個人，算得上是傳統芭樂愛情故事設定的男主角，他是外國人（香港算吧），長相斯文，英文很溜，在銀行擔任高階主管，經手的案子每一個都是好幾億的金額。因為工作關係他一天都晚都在出差，飛倫敦、紐約、巴黎……我從來沒有認識像他這麼國際化的人，在他的影響下我也開始擴展各種工作的可能，開始跟經紀公司爭取出國演唱的機會，去美國、菲律賓、澳門演唱。

出國之前，立德為了讓我的工作在海外可以順利進行，還特地給我上了幾堂語言課，教我日常可能會用到的對話，以及各個國家不同的民俗文化。在我抵達當地之後，他還不時會來電給我一段全英語通話，逼到我最後不得不用中文要他回話的時候，他才會邊笑邊跟我解釋他剛剛說的是什麼意思。

除了英語練習，他還支持我去進行各種進修。因為體恤我要養家、帶小孩的辛勞，他主動支付了各種我的學費，包括鋼琴、美姿美儀、口條課……雖然我本來就有上課的習慣，但靠自己的時候只負擔得起團體課程的費用。有了他的資助，我開始有了上進階班、一對一課程的機會。不誇張地說，今天的我，有很大一部分都是靠他栽培出來的。

只可惜，這看似幸福的關係，還是有了差錯。不過事到如今，我也沒什麼傷不起的了。

這次用了點聰明

基於他小飛俠的身份，我們實體見面的時間其實很少，半年只見兩次，這大概是他從香港出差來台灣的頻率。這樣遠距戀愛了一、兩年還很穩定，第三年就開始變得有點奇怪；他開始會搞失蹤，最長有兩、三個月不見聲影。一開始我覺得那是距離的問題，但當時間越拉越久，我也不禁開始懷疑事有蹊蹺。只不過我沒有吵也不會鬧，因為他依然對我很好。我覺得真的沒有理由。

然而，信任這種東西雖然我給得起，它畢竟不能無限供應。

我不是有習慣會去查勤的人，但真要查的話，自然有的是手段。那時他人在香港，我打電話給他，在電話這頭說了一句：「我在你家樓下，我看到你跟一個女生上樓了」之後他便陷入一陣沈默。

發展至此，我告訴他不用解釋什麼，我也不想聽。

我跟他說：「謝謝你曾經對我很好，你照顧了我很久，我可以放手讓你走。我討厭劈腿，但我不討厭你。」電話那頭的他顯然還想解釋什麼，但我希望他不要解釋。後來他告訴我他在香港交了女朋友，我只回說那剛好，遠距離對你來說可能太辛苦了。

分手後他打了幾通電話給我，我沒有接。後來還傳簡訊跟我說他已經結束香港的關係了，說他想回來台灣找我可不可以。我的回覆是吃個飯可以，但沒有其他的可能。我知道他會像以前一樣呵護我，把我高高地捧在天上，不讓我為了討生活而吃太多的苦。但我有我的尊嚴。

事到如今雖然沒有什麼痛是傷不起的，但我還是會在意，沒想到當我給一個人百分之百的信任的同時，對方卻會利用這點反過來傷害我。我在意的是原來信任這麼廉價，是可以被如此利用、拋棄的東西。

∞

直到今天，我跟立德依然是朋友，他不時會傳訊息給我，當我在海外工作遇到困難時，也常常向他請教。他確實是一個我非常信賴的朋友，我也一直像以前一樣很感謝他。

最近他傳了一封簡訊來，告訴我他要常住台灣，但我沒有回他什麼。我知道我們曾經很喜歡彼此，他也真的對我很好，從來沒跟我生過氣。我也樂得在他面前展現出孩子的一面，做我自己。但我現在已經走入了新的婚姻，為了避免出什麼差錯，還是決定與他在台灣也保持「遠距離」。

雖然曾經很喜歡，雖然曾經很難過，但我有的不只是尊嚴，也有覺悟；不是我的人，終究不會是我的。欣慰的是，我知道自己變成了一個拿得起，放得下的人。

終於找到另一半

很幸運的是，在經歷了幾次結果不圓滿的戀情之後，我遇到了現在的先生。其實，我本來並不打算再次結婚，但我知道他的家裡對這件事有所期盼，而我希望能讓他們開心，便再次披上了白紗。對此我沒有任何擔憂或反感。即便曾經被愛重傷，但只要我還能付出，我就會這麼做。

我現在的這位先生跟我之前的對象完全不一樣，個性比較安靜、沈穩，對自己的選擇很容易產生專注力。我們是在台北工作認識的，由於他公司就在我公司的隔壁，我們彼此休息的時候都會碰面。在外拍界混久了，會有一種職業傷害：第一眼看男生都是看身材，我承認自己第一次看到他的時候是被他的身材吸引的。

跟他碰面點頭打過幾次招呼之後，某天下午我買了一個蛋糕，準備大快朵頤，而我剛好看到他在休息，就邀請他來共食，於是我們變成了好朋友，我還充當起他的戀愛顧問。當時他本來在追另一個女生，後來變成他開始追我。我跟他到底是誰先追誰很難說得清，只能說我一開始就對他很有好感。

也許是因為我們的家庭背景與生長環境相似，造成彼此的興趣雷同，睡前也都會看書。當我學習的時候他也會一起學習，他進步的時候我也會進步。我覺得這樣的感情很好，一起成長，而不是互相拖累。

不能給對方百分之百的愛

身為一個高中就懷孕叛逆結婚的女性，我若能回頭跟年輕的自己說幾句話，我會告訴她不要愛得太深。因為人來的時候一個人來，走的時家一個人走。不管愛得有多深，都沒辦法改變這件事。所以愛（對方），不應該愛得太深，應該要愛自己愛得多一點。

愛自己，並不等於是要自私，而是要提醒自己在愛別人的時候，不要一股腦地全盤付出，要留一點愛給自己。

過去我在戀愛的時候，總是是希望我的對象施捨愛給我，因為我沒有愛，我也沒有愛自己。但現在的我，是擁有足夠的愛，可以照顧自己，也可以把愛分給對方。這樣的愛對我來說才是完美的。

這種對愛的體悟，是在跟富二代分開之後產生的。那時雖然生活上還沒獨立，但心靈上已經改變了。在那之前我戀愛的時候有一個盲點：假如我們每個人都有一百分的愛在心裡，那我會把一百分的愛全部丟出去，丟到我愛的對象上。但這樣一來我沒有愛任何的愛留給自己，而那一百分的愛放在別人身上也會變成緊繃的壓力。

現在的我相信，愛人的時候，應該是要把五十分的愛給出去，把五十分的愛留給自己。兩個人都彼此交出五十分的愛，湊成一個一百分，這樣才是剛剛好的愛。如果說我交出了一百分的愛，對方也交出一百分的愛，最後這份愛就破表了，變成兩百分的愛，通常也不會有好結果。

自己交出一百分的愛，並要求對方也交出一百分的愛，是造成很多愛情破滅的原因。普遍來說情侶都會希望自己的愛情投資能得到回報，會希望自己給出去的感情，最後能夠拿回來——我可以這麼愛你，為什麼你不能也一樣愛我？如果一定這樣糾結、計算愛情，那最後一定會得到痛苦的答案。因為愛沒辦法被掌控，或是絕對對等。

放棄愛情的絕對值，多一點包容，是讓愛情得以長存的方法。以我自己的例子來說，我現在的先生有空的時候會接我上下班，沒空的時候我就自己回家，我不會要求他無論晴雨都一定要現身。但我先生的同事，卻必須突破萬難每天接他的另一半下班，為了就是絕對的付出，絕對的對等——我可以為你這麼做，你就一定也要為我這麼做——這樣的愛情，在我看來過於緊繃，是很容易破裂的。

27 成爲阿贊

從去年年底開始，我頻繁地在泰國與台灣之間往來，不是因為潛水或度假，而是為了去上課：成為泰國佛教的「阿贊」的課（所謂的帶髮修行的法師）。

這件事要從我生命中的另一位貴人——家誠——談起。

那天我在台北某飯店的宴會廳駐唱，工作結束後有位觀眾前來攀談。原本我以為他只是另一名無聊的搭訕男子，打算用我的絕招打發他。但當場我看出他的情緒狀況不太穩定，似乎眼神中正在發散某種求救訊號，於是我放下戒心與他聊天，這一聊就是三個小時。

當時，家誠正在歷經他人生中的重大打擊：失戀。乍聽之下這不過是個常見的感情問題，但他的失戀還算滿有份量的，因為他不只是失去了情人，是連畢生積蓄都被前女友幾乎全騙走了。當家誠發現自己被戴綠帽的時候，存款已經所剩無幾。

家誠的家境很普通，所有他用來寵愛女生的錢都是他自己努力賺的。他對待女生的方法，是直接把對方寵上天，基本上與以前的我對待歷任的態度很接近，不管三七二十一無限付出就對了。

我跟家誠相遇的那一天，正好我也在和立德的低潮期，雙方等於是一場失戀訴苦大會，只不過當他吐完苦水，接著聽了我分享自己的故事之後，他整個人的精神都來了。

奇妙的夢

「我覺得妳需要幫助。」他這麼說的同時，我心想的是你看起來比較需要幫助吧。然後看著他從包包裡拿出一條看起來像是金箔的東西，交到我的手上。

「這個給妳，祝妳好運。」我問他這是什麼東西，他告訴我那是符管，是一種泰國宗教的護身符。我搞不清楚那是什麼東西，只覺得看起來很貴重。

「妳收下，我還有其他東西可以保護自己。」

那個符管，他是從一位「師姐」手中得到的。家誠跟我說，師姐那邊可以拜拜、祈福、求個心安。然後在我們認識第三天的時候，他帶我去見了她一面。

接受家誠的邀請，我跟他一起到了師姐的佛舍，一個信奉南傳佛教的地方。我第一次到那裡的時候只覺得自己來到了一個廢墟，在裡面光腳走一圈腳底就會變成灰色，還會黏到一團貓毛。裡面一共有八、九隻流浪貓，其中的貓老大名為薩圖，意思是「感恩」；那是我第一個學會的泰文。

撇開貓毛不說，我本來以為佛舍會像台灣的廟一樣，氣氛莊嚴，但沒想到整個地方看起來就像是一個里民空間，一群人擠在一起聊天。然而那樣的氛圍，不知為何讓我想起當初去教會的感覺；雖然兩者的形式與信仰不同，但給我的感受是一樣的；一進去所有的人都熱情、溫暖地招呼我們；教會的感動，會讓我哭，佛舍給我的感動，則是會想笑，笑到流眼淚肚子痛的那種。

「家誠！好久不見，你來啦。」
「誒今天帶妹妹來喔。」
「新朋友妳好啊！」

師姐，是一個很慈祥的人，整個人柔柔軟軟，沒什麼脾氣。她原本的工作與宗教無關，但後來因緣際會去了泰國沿襲古法，變成了一名女阿贊。

那天師姐為我導覽佛舍的玻璃展示櫃，裡面有各種聖物，像是佛牌、古曼童、四面佛像等等……她先是為我介紹了四面佛，敘述祂的四個面所代表的涵意為何，同時她也為我解釋了許多對泰國佛教的疑問。聽我是上台唱歌的人，也建議我帶了一張狐仙牌回家。

當天晚上回家後我就做了一個夢。

一直以來，我不常做夢，但我每次做夢的時候，一定會有奇妙的事情發生。我夢見有一位和尚出現在我夢中，他跟我說他的名字是龍婆本，然後他要教我寫一個泰文。我在夢裡很清楚地看見了他寫的字，立刻就學了起來。之後他還告訴我在泰國其實有一個女龍婆，她的廟就位在他的廟的側邊。

做了一個這麼奇妙的夢，我自然告訴了家誠還有師姐她們。所有人聽完後都覺得非常不可思議，因為我那時對南傳佛教的知識幾乎是零，完全不知道龍婆本是誰（他是一位泰國的高僧）。而且就算是泰國本地人，也很少人知道其實有一個女龍婆存在，更不要說還知道她的廟藏在什麼地方。

重點不是宗教，是信仰

接下來的事，我也說不清楚，到底是因為我的夢、狐仙的牌、吸引力法則、或只是純粹的機運，使我的班表突然有了一百八十度的變化。

當時我的班表原本都散散的，皮包也鬆鬆的。一個星期下來有一班沒一班，工作最晚到晚上八點，很多時候下午就沒事了。但自從那天從佛舍回來以後，我的班表變成從這星期到下星期全部爆滿，滿到原本排休的日子也硬是被塞入時數，只因為有各式各樣的聽眾，在各處的飯店指名要聽我唱歌。

最後，每到星期一的時候，我的經紀人不得不先上演一場搶人大戰，把我的時間盡量平均地分配給每個場地之後，再發文通知這個星期排不到時間的場地，請他們下次提早預約。

更奇妙的是，我現在的這任先生，其實就是我許願後出現的。當時我把我要的對象條件說得非常清楚：脾氣好，正常上下班，不抽煙不喝酒。在我許願之後兩三個月他就出現了，真的是我一直期待的人。

在這之前我既不是無神論者，也不會特別迷信。算得上是信而不迷。宗教，對我來說不是非黑即白的事。我是基督徒，我有在教堂受洗，我把愛的榮耀歸給耶穌基督，我很感謝教會的朋友，是他們讓我認識了「愛」。但我也配帶佛牌，接受泰國佛教的文化，並且很感謝乾哥、師姐，感謝他們在我迷惘的時候來到我身邊，幫助我繼續成長。他們看著我的經濟能力與精神狀態越來越好，也陪著我練習，消化我對大弟還有阿嬤憎恨。

也許是因為我死過一次，又回了活來，所以我不會設限。我相信所有偉大、教人向善，充滿愛心的信仰，也相信這些信仰可以賜予我力量。

我知道宗教是個敏感的話題，但這就是我的故事。我不會偏袒任何一方，說哪一種宗教才是正確解答。對我來說，解答不過只是緣分；重點其實從來不是宗教，重點一直是信仰。

然而不管一個人相信什麼，或是不相信什麼，我認為重要的是，要相信自己。相信自己，會為自己帶來最強的力量。

我的新身份

第一天從佛舍回家，做了龍婆本的夢之後，我雖然有告訴師姐跟家誠那個夢的內容，卻沒有告訴他們其實龍婆本有教我寫一個字。不是我刻意要隱瞞什麼，而是很單純地我忘掉了這件事，一直到跟他們往來好一陣子之後，才突然回想起來。

「師姐，我想來龍婆本還有在夢裡教我寫字喔。」當我把那個字寫給師姐看的時候，她當場叫了出來。：「怎麼會這樣！妳怎麼會寫這個！」

因為龍婆本的夢，以及他教我寫的字，再加上我平常的生活可以說是半退休的狀態，比較有時間可以進修、出國拜師，於是後來師姐要找接班人的時候，很自然地選了我去泰國當學徒，學習如何成為阿贊。

師姐對外的說法是：「我是龍婆本欽點的傳人。」當時到了泰國，還有許多師傅出來接見我們，幫我算靈動數字，算得了兩個六。之後師傅「面試」我的時候問了我一些問題，而我的回答，使得泰國師傅們相信我有成為阿贊的本質。

∞

成為阿贊之後，從「外在」來看，大家來尋求的，是期待賺到錢，找到好的姻緣，但是從「內在」、「心理」的角度來看，我是在引導大家找到自己缺失的東西，然後帶人們去到自己適合的地方。

我幫助人的方式，其實很簡單，我不會說一些怪力亂神的事，用很武斷的方式讓人們覺得有另一個世界存在。如果有人來找我聊天，我就會像以前一樣，引導他說出自己的缺失，再告訴他應該要怎麼面對他心裡的問題，該做什麼事，該怎麼堅持，該做什麼會對自己比較好。

這些引導，說起來其實也是吸引力法則的引導：人必須要很專注，專注於自己想要東西，並且很實際地去完成它。在完成的過程中，不管遇到甚麼風浪、什麼難關，都一定要撐住。到最後，你一定可以因為自己的專注，得到自己想要的東西。

我都是告訴來找我的人，他的問題是什麼，該怎麼解決，該怎麼堅持，該怎麼信任自己，而他如果願意相信我，他願意相信自己，他願意努力，他最終就會得到他想要的東西。每一個人都有這樣的力量，我只是把那樣的力量引導出來而已。我身為阿贊，其實只是一個心靈輔導師而已。

助人助己

就另一方面來說，我當阿贊開導他人的同時，我自己的心境其實也改變了。

我現在的思緒、情緒還有說出來的話，跟之前的自己有相當的差別。以前的我即使使用吸引力法則，賺到了錢，有足夠的生活品質，還是不時會有灰色的思想，常常覺得人活著死掉就算了，巴不得生命趕快結束。我經常跟身邊的朋友說，我活到四十歲就好了。

我覺得活著很苦，活著很累，人生該經歷的我都經歷了，該玩的我也都玩了，不如就這樣吧。我所走過的成功之路，都是跪著走出來的，哭著走出來的。即使我靠本事得到了物質上的滿足，得到了所有我認為我所缺失的東西，我心靈上的傷痕依舊難以被彌補。

現在變成阿贊之後，對於「活著」這件事看得比較平靜：人生很苦沒錯，但人生不就是這樣嗎？不苦的話就不是人生了。每個人的人生都很苦，只是經歷不同。我的苦有我的味道，你的苦有你的不同。想一想大家其實都是如此活著，也就不那麼糾結，可以繼續呼吸，不會特別巴望要自己死掉了。

現在的我不會用吸引力法則強迫自己每天都要很開心，盡力去避免負面情緒。所有的負面情緒，其實都是自己正面情緒的反應能量；沒有負面情緒的人，也不會有正面的勇氣。

於是我開始透過打坐，產生一種力量、境界，來內化自己經歷過的事情，再從自己的負面經歷之中找到能讓自己改善的力量。我會告訴自己，還好我經歷了別人沒辦法經歷的事，沒有這些經歷，就沒有今天的我。

這對我來說，是一種「自我覺醒」。

28 人生回顧：美髮教我的事

距離從我覺醒、設定目標、為人生打拼過後大約十年，我完成了心中的想像，改善了自己與家人的生活。一共我買了兩棟房子，現在阿嬤住在新買的那棟裡面，由我跟姊姊輪流照顧。在投資的股票為我創造被動收入的同時，我也經營餐廳，雇用親近的朋友當員工，並且提供餐點給社區鄰近的弱勢族群，讓他們至少每天都有熱騰騰的飯可以吃。我的佛舍，則開在餐廳樓上，在晚上餐廳熄燈之後引導迷惘的人，幫助他們尋找生命的方向。

許多人在知道了我所成就的事情後，會向我詢問所謂「成功的方法」。遇到這種情況，我通常會先問他們——如果一天只能睡三、四個小時，把所有空閒時間都拿去用功唸書、學習，做得到嗎？很多人聽到這裡就會打起退堂鼓。

然而也有與我比較要好的朋友，在聽完我的故事之後，說我的「成功」，其實是用「委屈」換來的。當時我聽見她這樣的評論，不禁落下了淚水。她說的也是事實。

讓客人開心

但是回顧我一路走來的路程，我還是想整理出幾個我認為值得給大家參考的成功要點。

第一個是不論做什麼工作，都要讓客人開心。而這是我從第一個工作，美髮學來的。那時在髮廊工作的經驗對我來說是一種非常滋養。我不愛說話的個性也是因為跟髮廊裡的客人聊天才有了改變。這麼說來，美髮說不定是我做過的工作裡面最快樂的工作，因為那個時候還不用思考太多人與人之間的事情，美髮的當下也不用跟客人勾心鬥角。自己的感情狀態還有家裡的情形也還算單純。

∞

通常，我們會把美髮的領域分成三大塊，第一種是一般造型，第二種是舞台造型，第三種是特殊造型。一般造型顧名思義，就是一般人比較能夠接受，髮型雜誌、髮廊裡會出現的造型。大多數的學生都會選擇走入這個領域，因為它很接地氣，也是進入美髮行業的最低門檻。技術好一點的人，將一般造型塑造得時尚一點，就可以幫走秀的模特兒做造型，或者是成為新娘秘書。

我走的路線，是相較之下比較冷門的舞台造型。舞台造型跟時尚的一般造型差別不大，只是造型更加浮誇，像是維多利亞的秘密的模特兒走秀風格。以台灣而言，這種造型的需求度很低（但還是比畫屍妝、外星人、怪獸的特殊造型高一點），是個吃力不討好的手藝，那為什麼我要走這條路？一來是因為老師的決定，二來是我的天性。

在課堂上老師會根據學生的手法跟技巧，建議之後的發展。高職的我就跟國中時愛畫畫的我一樣，總是喜歡做一些天馬行空，很破格的事。當大家都畫人在地上走的時候我就畫人在天上飛；當大家都做一般常見的造型的時候我就做大明星身上才會有的造型。我就是很希望能要引人注意，不喜歡自己很一般。當時在班上有五十個學生，只有我一個人走舞台造型，其他人都是一般造型。舞台造型需要設計師組合自己的想像力，須要思考要怎麼把一根頭髮變成一大撮頭髮，要把頭髮造型成直的、捲的、站起來，還是變成恐龍？……這種想像的能力，或者說習慣，在各種領域都用得上，像是廚師會用想像力把花生變成花生醬，把麵包與肉排變成漢堡。

而我也是靠著自己的想像，在比賽的時候把模特兒的頭髮編成了一頭大玫瑰，在全國大賽上拿下了兩個特優跟一個優等。

然而，就像剛剛說到的，上述浮誇的炫技跟戰績在一般的髮廊裡其實很難派得上用場，沒有人沒事會頂著一個玫瑰造型的頭髮出門，除非他剛好要參加舞會或是有表演、比賽。我之所以能成為一個每個月業績超標，受客人愛戴的設計師，靠的是別種「技巧」。

尋找情緒的出口

對我來說，在正式開始幫客人剪頭髮之前，有一個很重要的動作，就是洗頭，這件事情不像字面上的那麼單純，只是「洗」而已。我們學美髮的時候其實也有學穴道，因此可以在洗頭的時候幫客人做一些簡易的醫學診斷。依據按壓的手法，聆聽客人的反應，對他的健康狀況作出回應（喔你按這裡會痛，那應該是最近沒睡好喔！）。

有的時候，按摩、引導的手法對了，有些客人也會主動說出自己最近的壓力。這麼一來他不只是身體得到放鬆，就連心理也放鬆了。說心事，這看似是髮廊的一個隱藏功能，卻是許多婆婆媽媽來美髮的實際目的。對這些在家說話沒有份量的女人來說，把頭髮用漂亮很重要沒錯，但她們也非常需要有一個地方，可以說出自己的老公、小孩、公公婆婆都不願意聽的事。

跟客人聊天，把自己變成他們情緒的出口，這也許不是所有設計師都願意做的事，但這在我心中是一件非常重要的事。

∞

洗完頭之後，就要把客人弄得很漂亮，設計出他喜歡的造型，然後看到他臉上的微笑；只要看到客人開心，我也開心，那美髮這個工作就算是做好了。說起來我對每一件事的要求也差不多都是這樣，只要做到讓對方開心我就開心了，非常單純。

美髮就是讓客人變漂亮，讓客人快樂，這些事雖然說起來好像很普通，但對當時其他的同學或學姊而言，把美髮做好是另一件事。她們追求的好，是要透過客人的頭髮造型，創造自己的成就感，達成自己的完美主義。又或者是完成了一個造型，自己可以收費多少錢、可以獲得多少利益？

對她們來說，客人開心與否，並不是最重要的事。她們更重視自己能不能賺到錢，能不能堅持自己的風格，而不是客人的喜好。

但想像看看，如果有一個客人希望把自己的頭髮燙成微捲，但設計師堅持要做自己最擅長的大捲，那這個客人最後會開心嗎？之後他會回來找這位設計師做造型嗎？

不過，退一步來說，有的時候就算設計師願意迎合客人的要求，卻也沒辦法改變自己的風格。這種時候，一名為客人著想的設計師應當放下自己的成見，推薦別的設計師給客人，不要逞強。

用「溝通」剪髮

設計師太堅持自己的手法，沒辦法擺脫自己的習慣，這是設計師的誤區。但說真的，有時候設計師堅持己見，並不是因為他們不願配合客人的喜好，或是沒辦法改變自己的習慣，而是他們接待的客人實在太瞎，明明完全不了解自己的髮質、髮量、髮流，卻硬是提出要求，要剪一個不適合自己的髮型（為什麼那個人剪起來那麼好看，我剪起來卻很奇怪？）。

這種時候，一個設計師要花心思的就不在手上了，而是在嘴上——一個好的設計師要懂得如何跟客人「溝通」。

面對這種固執的客人，我通常會先提出我對他的頭髮的見解，試著說服他面對現實，不要拿自己的門面開玩笑。若他還是非常堅持的話，我就會完成他的願望，實際剪出他渴望，但並不適合自己的造型，讓他親身體驗看看。剪一次兩次之後，他就會明白自己到底適不適合他夢想中的髮型。

很多設計師不願意像我這樣做，一方面是他們堅持己見，另一方面是他們怕幫客人剪一個完全不適合的髮型，剪醜了，客人就不會再回來找自己做頭髮了。這樣的顧慮有它的重要性，但我不會抱持這種想法，因為這樣的心態會關上溝通的門，讓自己喪失學習的機會。

不論跟客人溝通的結果如何，當一個設計師願意跟客人溝通的時候，他就可以在溝通的過程中磨練另一項技能——舉一反三。

當客人提出A方案（不太適合他的髮型）的時候，我會盡可能提出A、B、C三種方案。這個提案過程要盡量迅速（練習讓自己快速思考），這樣才能給客人一種很專業的感覺。如果碰上有選擇障礙的客人，我就會縮小選項，提供A跟B給他挑。這種隨機應變的能力，都是在跟客人溝通的過程中磨練出來的，對我日後的其他工作也很有幫助。

冒險的好處

如果絞盡了腦汁開導客人，但對方不聽勸說，不顧自己的頭髮粗細硬軟，依舊想排除萬難剪一個自己不適合的髮型的話，我就會基於讓客人開心的底線，完成他的願望，把他要的頭剪給他看。

大多數設計師以為這麼做會把客人氣跑，但依我的經驗來看，冒險剪一個不適合客人的頭，反而是培養熟客的機會。

開剪之前，我會跟客人把醜話說在前頭，告訴他今天我會用定型液幫他維持造型，但他回家洗完頭就可能沒辦法吹成這個樣子。獲得客人的同意之後，我就開始施展我的手藝，用所有我想得到的方法去完成那個造型。這個過程也許聽起來很麻煩，但結果對我來說卻是好的，因為這樣之後他就會每天來找我洗髮跟吹髮。

說到這裡，可以延伸一個關於美醜的想法：一個不適合自己髮流、髮量、髮質的髮型，並不等於是一個「醜」的髮型，而是「難整理」。所謂的「醜」，是因為沒有花時間跟心思整理，才變醜的（但很多設計師不會如此思考）。

只不過，一個對自己的頭髮完全不理解的客人，會願意學習複雜的工法，買一堆美髮工具回家，每天花時間維持自己夢想中的造型嗎？答案通常是否定的，但這個「否定」對設計師來說其實是好事，因為如果你真的用心幫客人把他要的造型剪出來，而客人又真的很喜歡這個難以整理的髮型的話，他就一定會變成回頭客，每天回來整理頭髮。

當時的我，確實用這樣的心思，付出了對別人來說多餘的勞力，培養了許多熟客，衝高了業績。我先配合客人（剪他要剪他髮型），再引導客人配合我（讓我幫他整理）；我先讓別人開心，最後我自己有利。

這裡面雖然有我個人的小心機，但我所做的一切，都沒有違背我的出發點：讓客人開心。

29 美容教我的事：打開心房

人活著，多少都會顧及形象。若不是故意扮醜，大多數人都希望把自己光鮮亮麗的一面放到太陽底下。至於那些不堪入目，令人難以消化的秘密與醜陋，則是交由自己獨自安撫。

只不過，也許是因為我先天的人生，或是後天的工作經驗給了我啟蒙，我反而習慣把自己人生痛苦的部分攤出來講，坦誠地講。而當我打開心房的時候，很意外地我似乎也為自己的人生找到了一條大道。

做個有說服力的美容師

高一到高二上學了美髮之後，高二下到高三我開始學美容，希望能得到美容師證照。我之所以從美髮轉美容，是因為我看見美髮的市場已經飽和了，但美容——醫美的部分——才剛開始。人都會老，這是不可逆的，而且大部分人如果有多餘的錢，多少都會想要保養。因此我認為如果有一張美容證照，會對日後找工作非常有利。

那一陣子（到了現在也是）一旦學到了醫美相關的新知識，就會拿自己的臉當實驗品（抹膠原蛋白之類的）。一方面我當然希望自己漂亮，另一方面是我認為一個美容師應該要讓自己的臉維持在最佳狀態，才能讓客人信服。

跟我同時在美容院裡工作的員工，有不少是半路出家的，她們大多上過一些短期的美容課程，雖有證照但基本功沒那麼扎實，也缺乏美容自己的心思，常常頂著滿臉痘痘向客人推銷保養品。用很現實的角度來看，這樣會很像是一個身材肥胖的健身教練來告訴客人該怎麼減肥一樣，不太有說服力。

不斷吸收美容新知（就跟所有其他行業一樣，美容的「科技」也是日新月異、求新求變，永遠學不完），把自己的臉保養好，累積工作經驗，高中畢業後進護理系，考護理師證照，此後投身醫美產業……如果當時照著這個人生腳本走，我現在應該可以在這個醫美蓬勃的市場裡混得不錯。但通常跟「醫」扯到關係的事情就是「貴」，當時我一窮二白，又遇到誣賴我的店長，高中快畢業的時候又叛逆結婚，這條路自然沒走下去。

但在美容院裡工作，卻也累積了不少可貴的經驗。

從美容到美體

除了要不斷更新自己的知識，認識膠原蛋白、玻尿酸、Q10、肉毒等等……一個美容師的基本功應該要盡量了解經絡、身體的構造還有飲食習慣，來幫助客人改善他們的生活。

當時我在美容院上班，除了彩妝、保養、按摩之外，做得最好也最多的就是幫客人減肥。美容院裡會按摩的美容師雖然很多，但專門幫客人按摩減肥、調理身體的美容師很少。我看準了這一點，成為了專攻減肥的美容師——也就是所謂的美體師。需要減肥的人其實比需要按摩的人還多，這實在也不是什麼天大的秘密。如果你今天來按摩，可以選純按摩跟幫助減肥的按摩的話，你會選哪一種？

只要認真觀察，就不難發現需要減肥的人其實比需要按摩的人還多。這是大環境、大多數人的需要。而我自己的需要，就是錢，所以我總是在觀察，總是在思考，在每一門學問裡面，有什麼技巧是大家需要，我也可以藉此創造更多、更穩定的收入，生存下去的。

∞

話說回來，錢賺多賺少是一回事，但每一個人都會想要活下去，這是本能，只不過對於「生存下去」這件事，大家願意花多少心思，要展開多少條思路去研究這件事，就不一定了。

也許是因為從小生長的環境使然，我在思考生存相關的問題的時候，一次會展開三、四條思路，但很多人可能都只會在一條路上思考而已。當我選擇鑽研如何幫客人減肥的時候，其他員工或同學選的領域大都是油壓、指壓、彩妝。而這樣的差別，也顯現在我們的業績上。

當時店裡的業務大約有十三個人，我是他們爭相預約的對象，他們接待的所有客人都要找我美體。那一陣子我每天都是從早上八點開始工作到凌晨兩三點，一整天下來每個時段預約都是滿的。好在我是住在店裡的宿舍，不然就連睡覺的時間都生不出來。很多同事看到我工作成這樣，卻跟她們一樣只是領底薪，自然也會造成她們對美體師這個職位敬而遠之。只怪我當時太年輕，不懂得跟老闆談抽成，漸漸地我也開始埋怨這個社會／職場太過黑暗，或是我不懂得為自己爭取權益。

然而，反走過必留下痕跡，願意真心付出的人，也會得到意外的回報。

客人給我的愛與溫暖

在美容院當美體師，看起來是我在幫助客人減肥，讓他們快樂，但其實他們給了我更多溫暖跟關愛。

我美體的對象，很多就跟我在美髮的對象一樣，是街坊的婆婆媽媽，她們來找我美體的時候總是會順便跟我聊天，說自己的先生嫌她變胖了，或是抱怨先生不愛她……在傾訴的過程中，我也會對她們透露我的身世，讓她們知道我家裡的狀況。

這種溝通能力，或是該說「願意」溝通的能力，是之前做美容的時候開始培養的，但我只願意跟客人聊天、說心事，在其他時候，對同學、同事、老闆，我都依然是個不吭聲的蚌殼。下班之後，有同事、同學要找我去哪裡玩，我都一律拒絕（當然下班的時候我也早就累壞了）。要是有什麼想說的話，我都只對客人說。

不完美的完美

跟美髮的客人聊天，與跟美體的客人聊天，最大的差別在於，我跟美體的客人有一種極大的信任。

相較之下，美髮是比較表面的，我只需要處理客人的頭髮，但美體不一樣，我要處理的是客人全身——全身按摩，包括淋巴、排毒、給客人飲食建議，要她們吃清淡一點，不要吃那麼鹹（這種時候她們都會回說：「妳比我家人還要關心我！」）。

此外，當然也包括她們身體最醜陋的部分。

人跟人要「坦誠相見」，需要一點勇氣，以及信任。客人相信我，所以把她們的身體交給我。我的任務，就是盡力把那些醜陋的部分，那些被她老公嫌棄的部分，變得美麗、漂亮。這種關乎身體的信任，跟只是頭髮——或美容臉部——的信任，份量大大不同。

∞

一名美體師若想贏得客人的信任，就必須走進客人的心。至於說要做什麼才能怎走進去，說真的我不知道，我從沒有刻意這麼做，就只是真誠地聊天，跟客人分享我的故事，然後我就被她們接納了。所以這麼說來，也許在想要走進他人的心房之前，自己必須先打開自己的心房吧。

我想之所以被客人接納的原因確實是因為我願意開口，讓她們聽見我的過去，再加上我的身世實在很八點檔，很容易觸動她們的惻隱之心吧。想一想這實在很奇妙，我的家，雖然說不好過，雖然不是很完美。但也是這樣的不完美，成就了我在工作上的完美；讓客人與我搭起一座互信的橋樑，彼此聆聽，最後因為彼此的分享，讓不完美變成了完美。

我把最不堪的告訴你，你把最醜陋的給我看，那兩個人之間就沒有秘密了，那就是一個很信任的關係；在美體的時候我也會盡量記下每一位客人的喜好，例如說王太太說她喜歡韓式料理，那她下次來的時候我就會準備泡菜口味的餅乾。或者是看她來按摩的時間剛好是剛下班的時間，我就會準備她喜歡的食物給她。

她們都看得出來我工作很忙，預約全是滿的，自己都沒有時間吃飯卻還幫她們準備食物，到最後，她們也會反過來特地在自己上班的時候專程送餐給我吃，再趕回去上班。我們變成一種互助互惠，互相關心的夥伴。

我給了客人溫暖，而客人，也給了我生命中所缺失的「家庭的溫暖」，「母愛」。而這都是互相的。

跟我聊天很「舒服」

我從做美髮美容時期養成的「溝通」習慣，引導客人，說出他們想說的東西；不是我刻意逼問，而是讓對方自己想說，這件事情直到我去piano bar當歌手都很有好處。

曾經有piano bar的客人告訴我，說他跟我聊天很舒服。當時我很驚訝，搞不懂聊天很「舒服」是怎麼一回事。

我跟客人在聊天的過程中，就跟以前一樣，多多少少會談到自己家裡的事，只不過在那樣紛擾的場合裡不會把所有遭遇都講得那麼細，口吻也不會太刻意。我並不想要讓對方覺得我很悲慘，就只是聊天而已，讓對方知道原來不只是只有他遇到不如意的事；你有你的悲慘，我也有我的悲慘，兩個人走的路雖然不一樣，但我們可以交換背景，彼此敞開心胸。

不知不覺中，客人聽了我的故事，說出心中的痛苦，驚覺自己怎麼講了這麼多話的時候，他已經把煩惱跟壓力都宣洩出來，自然就舒服了。所以才會覺得跟我聊天很「舒服」吧。

大多數的客人的煩惱，其實都聽起來差不多。其中讓我比較印象深刻的是，有一名建築業的老闆，他什麼都有了，有錢、有家庭、身價破億，但他卻跟我說他窮到只剩下錢。聽他這這句話的時候，我直覺回話是說：「老闆，你說這話在外面應該會被人圍毆喔。」因為誰不想要錢，但真正有錢的人卻說自己窮到只剩下錢？

我什麼都沒有，所以我窮，而他什麼都有，卻還是窮。這是物質上的窮對心境上的窮。這位老闆說自己回到家裡的時候一點都不開心，即使他有錢；他反而覺得以前沒錢還比較開心。他跟小孩的關係很好，也對他們很負責，只是跟另一半的關係很「平淡」——她要求老闆把財產先過戶一半到她的名下，說等哪天要是他公司倒了她還可以帶著小孩逃跑。當他回家想跟她說說話，訴苦的時候，卻往往只得到一句：「你很煩耶，一回家就講工作的事。」

照他的說法，人要到真正有錢之後，才能有辦法體會什麼是窮到只剩下錢。而我也在去年有能力買房之後，確實感受到了這種痛苦；本來對自己真心相待的朋友，因為看到你有錢了，就開始對你唯利是圖。我之所以會這麼說，是因為我有錢了以後，我感受到我的朋友也是這樣對我。

這到底是我的問題，是對方的問題，或這就是賺到錢的代價？我一直都用真心對待那位朋友，但他就是會因為我有錢而眼紅。當我說：「誒，我最近心情很不好。」想跟他訴苦，或聊天的時候，他只會回我說：「妳都賺那麼多錢了，是在心情不好什麼？」

這下，我才知道原來有錢人沒有資格心情不好，有錢人不能不開心。同樣的苦水，我說給家人（我姐）聽的時候，也是得到了一樣的答案。

到底什麼是窮到只剩下錢？就是當你以為自己什麼都有了，但你還有煩惱。你想找人傾訴你的煩惱，但別人只會告訴你，你什麼都有了，你是在煩惱什麼？

也難怪那些酒客要來喝酒，做頭髮的美髮阿姨想找人聊天。

30 sop不是萬能的

不管是在美髮、美容、唱歌、外拍的時候，總是會遇到特別怕麻煩，特別計較得失，只想照著事情的sop行事的人。打破sop很麻煩，很有風險，打破了也不會賺錢，又何苦要做？講起來這些人都很聰明，把算盤掐得很緊。然而對我來說，sop並不是萬能的，我相信如果我能打破一件事的sop，就能打破所有事的sop。以下是我在晶圓廠工作，與這件事有關的心得。

在晶圓廠的生產線上工作，是一件非常簡單的事情，給機器指令，機器就會執行命令，好像是在打電動一樣，我一次一個人可以顧二、三十台機器。我之所以會把自己搞得這麼忙，實在是因為生產線的工作內容太無聊了，我必須幫自己找點事情做。

能夠一次顧這麼多台機器，靠的是邏輯能力、洞察力。機器要接受的指令其實非常單純，只要照著做，機器就會順利運作。但有些作業員就喜歡用不合邏輯的方式操作機械，到最後把機械都搞壞了。

作業員都會有流程單，一般來說只要跟著流程單走，作業就不會出錯。一但熟悉了流程單的內容，還可以進一步運用邏輯調整不同機台作業的順序，讓生產速度更快。

說起來其實生產晶圓也跟出餐很像——運用邏輯、組合工作，讓程序順暢。當廚師同時收到了四、五張訂單的時候，每一張訂單的食材所需的處理速度都不相同，廚師就必須把比較快熟的食物延後處理，比較慢熟的食物優先處理，這樣最後就可以一次把菜都出好。

生產晶圓的時候也會有一些材料的處理速度比較快，有一些比較慢。理想上作業員應該要把快慢的順序安排好，這樣最後收拾的時候，就可以一次把所有東西收到位。

只不過很多人生產晶圓的邏輯是跟著機台走，他一定要把眼前的機台的sop完成了才做下一台機器，沒辦法分心去顧及以外的事情。要是他眼前的這台機器正在處理的材料所需的時間最多，那最後他就會花很多時間去等待。

我生產的時候則是跟著材料走。每一台機器的sop雖然不能改變，但我可以改變操作機台的順序——一心多用，一次讓很多台機器一起跑，同時間處理不同的材料——這麼一來我就可以省略等待的時間，發揮最大的產值；讓第一台機器做材料零，第二台機器做材料一，第三台機器做材料二，第四台機器做材料三……

這是一種天賦嗎？是我比較會操縱機械嗎？是我反應比較快嗎？也許我真的有操縱機械的天份，所以可以剛好可以在這個職位上發光，那些沒辦法做到的人只是很不巧被放在這個他沒辦法表現能力的位置，也許讓他們去做別的事，譬如說跟人溝通，反而會很在行。

但如果真的要卯起來訓練這種操作機械的能力，是可以的嗎？可以是可以，只是必須冒著出錯的風險、丟掉飯碗的風險，而且今天不管是誰一次開十台，誰開五台，最後兩個人領的錢都是一樣的，這樣的話誰又想會逼促自己去做一次顧好幾台機器這麼麻煩的事？不如慢慢做，做到加班還會有加班費可以領。

不按牌理出牌

按部就班長大的人，總是會按部就班做事。而我在相對比較不正常的環境裡長大，就比較會不按牌理出牌，把自己搞得這麼忙。我實在沒辦法只是像個機器人一樣給機器輸入指令，我會覺得很無趣，會懷疑我的生活就只有這樣嗎？所以我給自己找麻煩、找挑戰。

雖然打破sop的挑戰，最後在工作上沒有給我什麼很直接、實際的回報。但不論怎麼樣，當我認真做事的時候，我就訓練了我的腦筋，訓練了我用邏輯重組，不按牌理出牌的能力。等到我做下一個工作的時候，它一樣可以派上用場。

31 我的美學筆記

在支付完日常開銷，把錢省出來以後，我一定會把那筆錢拿去學習。學習的方法有很多，經濟上有餘裕的人可以參加課程，要不然的話至少可以買一本書。把錢留給學習，這個習慣我持續了六、七年，而我始終相信，你多學會一件事情，在社會上就會多一個機會。

也因此，如何閱讀和整理每天的筆記，是很重要的。

8

我看書喜歡看心靈、心理、哲學類的書，不太看小說。最近我在看悉達多的故事。閱讀習慣是從國中開始養成的。那個時候吳若權很紅，我常常看他的書。之後就沒有侷限於閱讀哪個作者的著作，就是養成了閱讀習慣，每天睡前都會看一點，不記書名、不記作者，就單純看內容。

選書的時候我就選擇我所缺少的東西，去逛書店的時候找。在台北當歌手的時候我幾乎每天都會在上班之前去逛書店，逛誠品、金石堂，每天都可以學到一點東西。

寫作的習慣是從國中開始的，會把很多小事情記錄起來寫成一句話。我一直以來很常跟自己說，也跟員工說的話是「你要苦一陣子還是苦一輩子，你自己選。」現在的我則是會提醒自己，很多時候不要太執著，太過執著不是好事。這算是一種覺醒。

這種寫字的習慣，跟寫美麗的筆記是同一個習慣。對我來說寫漂亮的筆記就是一種炫技，我每天都會練習。除了知識性的筆記我也會寫很私密的情感，但不會用太白話的方式書寫，會用比較「文言文」的方式處理。

我的學習法：「美」學

在學習的時候，我有一套很個人的方法，不見得所有人都適合，但至少是我自己一直以來使用的方法。

那個方法，就是寫筆記。但不是把重要的事情抄下來就好，還必須抄得漂亮。雖然可能聽起來有點奇怪，但寫看起來很漂亮的筆記，就是我學習知識的不二法門。

寫筆記的習慣，跟寫字一樣也是從國中開始養成的。那時候的理化課老師，許郁君，讓我見識到何謂像是「藝術品一般的筆記」。觀看她的筆記，我第一次體驗到什麼是分類、章節、大綱、重點……那本筆記漂亮到讓我產生了一種崇敬的心——無論如何想要寫出那樣的筆記。順帶一提，不只是筆記，許老師的黑板板書都漂亮得像是印刷品一樣。

為了寫出漂亮的筆記，當我認為自己的筆跡、編排不夠漂亮的時候，我會直接把它銷毀，重新寫一次，直到滿意方休。因為對美的追求，發展出重複書寫的過程，最後造成了知識的深化。這對我來說其實是一個意外的結果，因為我的初衷，只是想拿帥氣又漂亮的筆記去跟同學炫耀而已。

手繪的東西有靈魂

十九歲時去學AutoCAD的時候，我才發現原來畫畫可以這麼簡單，一個指令就可以完成一個圖像。之後也因為有了AutoCAD的證照，能去太陽能廠上班當工程師，而不是作業員。但用電腦畫來畫去我感覺自己還是比較喜歡手繪，因此我常常覺得自己學AutoCAD好像沒什麼太大的用處。工程師的工作也只持續了兩三個月就沒做了。

我之所以喜歡手繪，是因為我喜歡慢慢尋找畫面的感覺，即使只是畫一個弧形也要很小心。而且我喜歡用水彩跟蠟筆，因為它們的顏色很繽紛。在手繪的時候我手上畫的是畫，但我腦袋也在思考配色，以及下一個動作是什麼，它會促進我思考。雖然電腦繪圖的時候也須要思考，但畫的過程只要輸入數字，下一個指令就完成了。我還是比較喜歡手繪的時候，那種仔細思考的感覺。

對我來說，手繪、寫筆記都是有靈魂、有魔力的。寫一本漂亮的筆記也跟畫出一張漂亮的圖是同一種成就感。一直到現在我都保持著寫筆記的習慣。我認為電腦雖然方便，但記錄在電腦上的東西，通常在我把螢幕蓋起來之後就不會再看了。手寫的東西則是可以一翻再翻。

我寫筆記的時候，通常都是想到什麼就寫什麼，即便手上沒有筆記本也會先隨便寫在一張紙上，回家後在寫到筆記本裡面，把它整理起來。比起便利的電腦，樸素的紙張其實蘊含著更大的自由；你可以用非常直覺的方式去規劃自己的分類、排版、顏色、文字……無需任何艱深的電腦技術，只要有筆，會寫字，一個人就有辦法從筆記之中獲得極大的樂趣。

看書的時候把每一個章節做總結，把各種閱讀後的心得跟見解——理性或感性的都有——寫成整齊的筆記，還一定要配上繽紛的顏色。有時候我會覺得自己很奇怪，因為當我姐看到我幫書寫筆記的時候，都會問我幹嘛這樣，書看完就看完了，幹嘛要寫字？還寫得那麼費工？但我就是喜歡寫漂亮的筆記。

無論奇不奇怪，總之這就是我的「美」學。

感覺累了就休息一下.

不用非要勉強,
下次再試著做好一點就好.

先照顧好現在的自己就好.

只管把今天過好就好

不要想著遙遠的以後要多好.

今天好好的.
就很好.

人生可以捨棄很多東西

但你也要努力愛自己

試著過自己的人生.

創造屬於自己的生活

是你選擇開心.

你的人生才会不一樣.

而不是人生不一樣了、你才会開心.

不能遷就、要懂得.寬容自己

感恩自己走過的人生路.

從黑暗到光明

從煩惱到喜樂自在.

有机会,

分享心路历程.

讓我們接觸到的人

都能快速找到回家的路.

悅納所有發生.

讓生命綻放.它本該有的

光彩

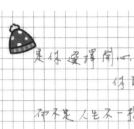

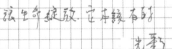

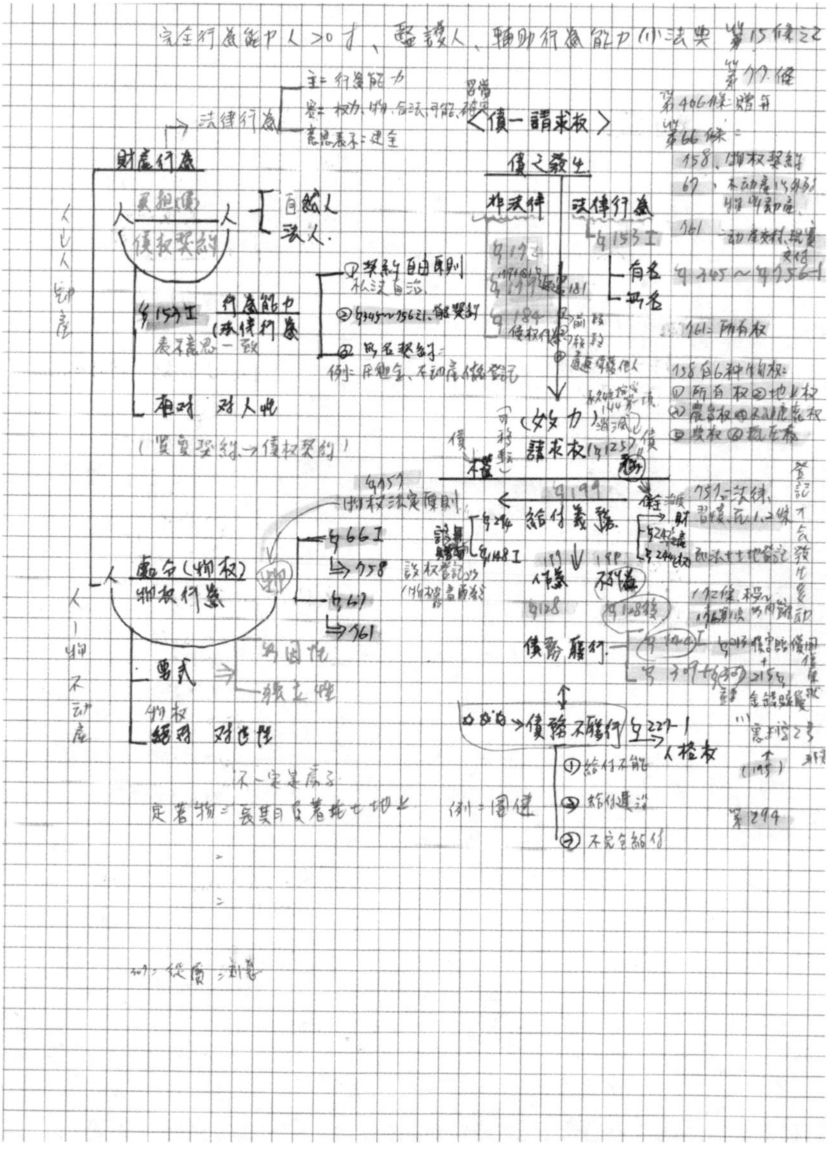
完全行為能力人、監護人、輔助行為能力
〈債ー請求权〉
法律行為
財產行為
債之發生
法律行為
自然人
法人
債权契約
契約自由原則
私法自治
請求权
給付義務
債務履行
債務不履行
給付不能
給付遲延
不完全給付
物权行為

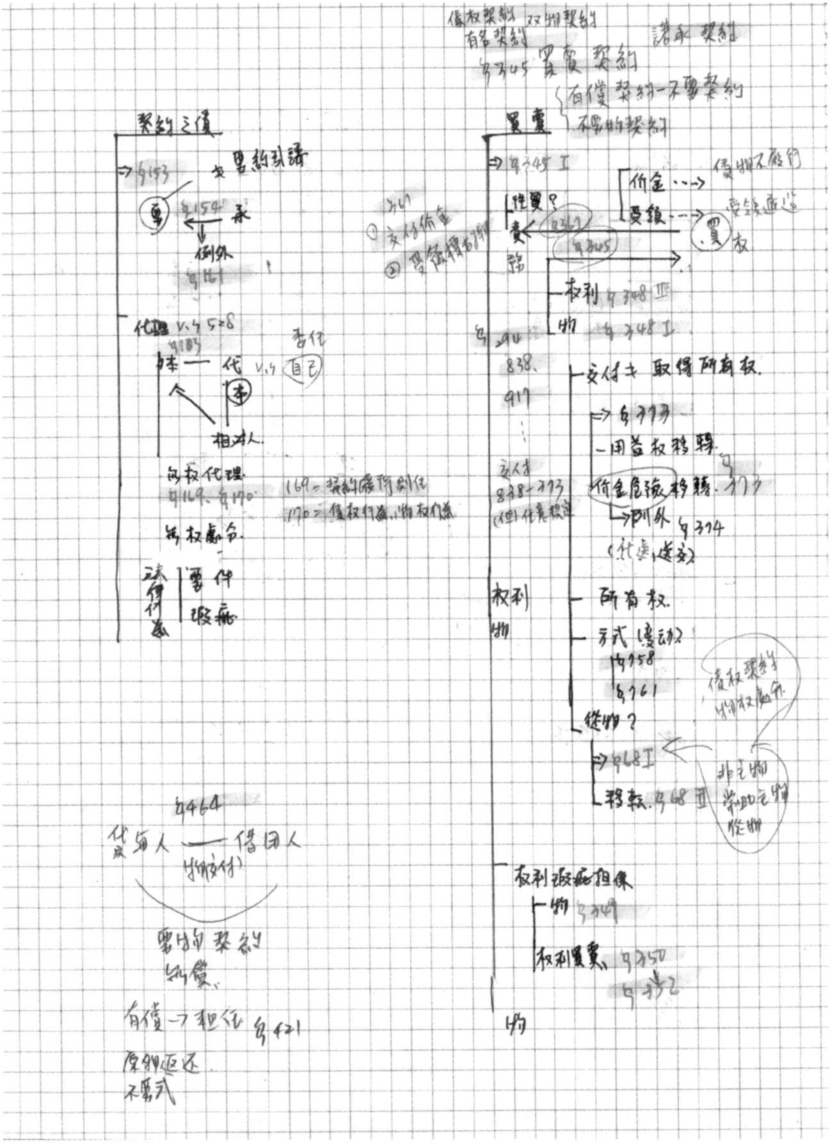
契約之債
買賣
諾承契約
有償契約
代理
相对人
無权代理
無权處分
要件
効果
权利
物
所有权
权利瑕疵担保
从物？
原物返还
不要式

32 最後的心得：四顆心

最後，如果要為我的「成功」找出更多原因的話，我想我靠的就是兩顆心：一顆心絕不服輸，一顆心相信自己。說來無趣，沒什麼驚人之處，但它們確實是我之所以能在社會上活下來的原因。此外，還有一顆很重要的心，那就是堅持。如果沒有堅持，一個人再怎麼相信自己也沒辦法成就任何事情。

∞

讓我感受到「不服輸」、「堅持」的力量的人，一個是我阿嬤，那不在話下，因為我從小看她努力長大。另外一個，則是我的阿公。他確實用命，換來了大家的幸福。

「妳那固執的鬼脾氣跟妳阿公一樣。」

這是阿嬤跟我吵架時說過的台詞。說來奇妙，雖然沒有血緣，我跟阿公卻有一樣的脾性。是阿公輸給我的血，在我體內產生了神奇的作用嗎？不得而知。但肯定的是，我跟他確實都是一個會拚了命努力的人。他讓我看見，一個人為了自己的家人，使盡渾身解術是怎麼一回事。而我也確實像他一樣，許下給家人的承諾，然後憑藉著努力從地獄之谷爬了出來。

進步：首先你要面對自己

我之所以要從地獄之谷爬出來，之所以要努力，或堅持，不外乎都是為了要進步。為了生活品質的進步，也為了心靈的進步。但在開始進步之前，卻必須要先有一個心理認知，就是認知自己有所不足。一個自滿的人，沒辦法容納新的想法與知識。

當我自殺未遂從療養院出來後，我一心一意希望自己能變好、變優秀。而要做到這件事情，唯一的方法就是改變自己，面對自己的問題，找出自己的優缺點。如果當時的我一直無視自己過去的錯誤，不走出自己的小框框，不勉強自己做不習慣的事，改變又怎麼會發生？所謂的改變，必須始於自己，必須透過自省。

不試著走出自己的世界，你要怎麼讓世界看到你？要走出自己的舒適圈確實不容易，但一旦出去了，就能看見不一樣的風景。面對自己，一旦認知了自己有所不足之後，就想辦法去充實自己，像之前說到的，安排課程進修、看書，都是很好的方法。

當然，千萬小心，在審視自己的同時，你也要接受自己。審視並不是要你把自己看得一文不值。

相信

「相信自己」這件事，就跟「堅持」一樣，聽起來稀鬆平常，做起來卻非常不簡單。

以我的例子而言，身為一名站在舞台上的歌者，同時可以是聽眾矚目的焦點，卻也可以是箭靶。有一段時間，我曾經被老師批評我只是一個「會唱歌的機器」，她聽我唱歌，只不過是聽見了一些音符，如此而已。

我那時只知道要把歌唱好，把音唱準，但不明白，人其實可以在歌曲裡面「放感情」。雖然有時駐唱的場合氣氛對了，我可以因為跟客人談天，他說了某一句話，我就在下一首歌唱出符合那句話的感覺，「放感情到歌曲裡」打動他的心。但，這件事情談何容易。

而當我表現不好的時候，我就只是在台上工作而已，看著台下的聽眾，想著要把歌的音符唱對唱好唱完。這兩種不同的心境，其實會大大地影響歌曲被呈現出來的風情。也會大大地影響我對自己的自信。

然而，信心這種東西，卻又是所有表演者，或是說，所以在外打拚的人應該有的基本配備。我們究竟該如何在進行各種矛盾、抽象、難以掌握的任務時鞏固自己的自信呢？

對我來說，自信，某種程度來自自覺與自省。我既然是一名表演者，就應該記住自己的表演，找出自己每一次犯錯的地方，覺得哪裡不足，就把那裡補足。

自愛者自信之

我認為，大多數勇於表現自己的人，其實自我認同的程度通常比較高。無論今天是要唱歌、跳舞、佈道或演講，每個敢上台的人，通常心裡都會有一種「自己一定可以辦到」的心情。

然而，身為一名表演者的我，有好長一段時間，在舞台下，在日常的人際關係、愛情關係中，自我認同非常非常低落。那時的我非常在意為什麼別人不愛我，我經常懷疑自己是不是哪裡做錯了，不斷地乞求別人可以給我愛。

但在受了這麼多傷，走了這麼遠的路之後，我終於紛紛擾擾的是非之中，從教會、佛舍的大家的鼓勵之中明白了一件事：就算別人不愛我，我可以愛自己；我生來不是為誰而活，不欠什麼，不缺什麼，不需要因為一點點愛就委屈自己。這既不是什麼秘密也不是什麼驚世絕技，只不過是一個念頭，卻對我產生非常大的改變。

自從我「自給自足」之後，獲得了極大的力量。我自己給自己的愛，是自愛自重。這份愛的重量，有一部分是來自自己的決心。這麼一來又回到了堅持這件事。相信自己、有所堅持、堅持有所回報、更加相信自己、更加有所堅持……這個良善的循環，究竟是從「不認輸」、「堅持」、或是「相信自己」之中的哪一個開始的呢？也許沒有人說得清楚，但對我來說，這是一個良善的循環。

最後，在相信自己，相信自己的目標，給自己信心，告訴自己一定會辦到，並且持之以恆……等這些心理建設都完善了，還需要一顆願意承擔後果的決心。只因為世界上不是每一個努力的人都一定會成功，這是一件無奈的事，但如果願意承受後果的話，就相信自己的選擇，用堅定的心把它做完，不問後果。這是我做任何事的底線。這也一直是我阿公做事的底線。

「絕不服輸」、「相信自己」、「堅持」、「承擔後果」，這就是我的四顆心，分享給你。

結語

不免俗地，我要說一聲「謝謝你」。

謝謝你願意經歷我的痛苦，把故事看到了這裡。應該不難發現，一路上我雖然遇到了充滿惡意的人，但也同樣遇到了充滿善意的人；我從一個很情緒化、沒有安全感的孩子，變成了今天充滿平靜與自信的人，這實在是善惡一同的造化。俗話說人生是福禍相倚，以我的例子來看確實如此。

我現在偶爾會去媽媽的神主牌前面揶揄她。笑說她如果活到現在會氣得冒煙吧，最疼愛的兒子成天為非作歹，反而是我這個第二個出生，卡在中間，沒人關注的女兒，成就還比較好。

能這樣輕鬆、調皮地面對媽媽，多少有受到師姐的影響。曾經有好一段時間，我一直懷疑自己是烏鴉嘴，因為講了一句觸霉頭的「媽媽明天會死掉」，導致她喪命於車禍。直到認識師姐，她向我解釋我所做的與觸霉頭無關，而是「第六感」，我愧歉的心才稍稍放了下來。

如果早在她去世前的那天晚上，我知道自己所說的可能是源自第六感的話，我會在媽媽出門前多跟她講幾句話吧。我想告訴她，希望她不要眼中只有弟弟，我也是存在的，我也很努力。我也很愛她。

然後，我也要謝謝她。謝謝她給了我她的夢想。

∞

我的家人，肯定影響了我的個性，阿嬤、爸爸、媽媽……我曾經埋怨過他們，他們帶給我的痛苦是一種我的命運，然而我沒有認命，而是轉命，把那些痛苦變成了前進的動力；而當我在心中與他們和解的時候，我也與自己的人生和解了。

如今，即便是我難以忍受的大弟，我也依然願意等他，等他醒過來，願意改變自己。

我的兩個小孩，兒子今年上國中，我的女兒，從我當初無能、無知爭取她的監護權，跟她分隔兩地，到現在她因為一個奇葩的原因離開了她爸爸，開始跟我一起生活。我想我是靠著我的真心還有毅力贏得了這兩個小孩的陪伴。他們既是我作為母親的挑戰，也是幸福。在一番起落之後，我只想好好跟他們，以及其他生命中重要的人走完這趟旅程，平靜地過完人生下半場。

最後，我想再多講兩句：關於賺錢、學習等等的方法，雖然我都寫在這之前了。但如果要我只用幾個字，來說明一個人該如何達成自己的目標的話，那就是「堅持努力」，這也許聽起來很平凡，但平凡的事物真的有它偉大的力量。「堅持努力」的反面，就是努力，看到成果後才堅持，這是行不通的。因為努力的成果通常不會在你努力過後立刻出現，所以才說要「堅持努力」。

除了「堅持努力」，還有「堅持快樂」也很重要。試著自己讓自己的內心快樂，而不是去依賴外在的東西讓自己快樂——感受到了快樂才堅持——畢竟身外之物不可靠，依靠它們產生的快樂也難以長久。我常常跟我的朋友說：「我不樂觀，但是我正向。」。我的正向，是選出來的。在遭遇所有黑暗的打擊之後，我依然選擇了「正向」，就是我所謂的「堅持快樂」。而也許，正是這個堅持救了我一命也說不定。

總之，讀這本書的你，不論你現在處在人生的哪個階段，我祝福你，希望你不至於像我一樣倒霉，也能堅持你的努力、快樂。願你痛苦的傷口，也長出幸運的花。

絕不認命!：痛苦的傷口會長出幸運的花 = Rise From the Ashes / 鄒彤文作. -- 初版. -- 臺北市：大塊文化出版股份有限公司, 2023.03
面； 公分. -- (Smile ; 193)
ISBN 978-626-7206-86-7(平裝)

1.CST: 鄒彤文 2.CST: 自傳

783.3886 112001449

LOCUS

LOCUS

LOCUS

LOCUS